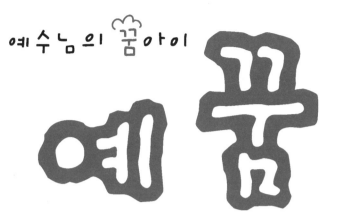

예수님의 꿈아이

예꿈

유치부 교사용

주제: **하나님 지으신 멋진 세계**
God's wonderful world

KB200387

Originally published in the USA

LiFE(Living in Faith Everyday)

Preschool & Kindergarten
Copyrights © 2001 by CRC Publications
Grand Rapids, Michigan 49560

Korean translation copyright © 2004 by Duranno Press, a division of Duranno Ministry
38, 65-gil, Seobinggo, Yongsan-Gu, Seoul, Korea

예꿈 2

초판 발행 · 2005. 3. 27
개정2판 1쇄 발행 · 2015. 2. 25
등록번호 · 제 3-203호
등록된 곳 · 서울시 용산구 서빙고로 65길 38
발 행 처 · 사단법인 두란노서원
ISBN · 978-89-531-2148-5
영업부 · 2078-3333 FAX 080-749-3705
출판부 · 2078-3332
두란노몰 · mall.duranno.com

일러스트 · 박민정 이향순 이승애 정소은
표지 및 편집디자인 · 김지연 한자영
기획 및 편집 · 예꿈 편집부
연 구 원 · 김정순 권교화 고진쥬 강정현 고은님 김윤미 김지연 김한승 박길나 이은정 이향순 장영미 진명선 표순옥 한인숙 홍선아

두란노서원은 바울 사도가 3차 전도 여행 때 에베소에서 성령 받은 제자들을 따로 세워
하나님의 말씀으로 양육하던 장소입니다. 사도행전 19장 8-20절의 정신에 따라 첫째
목회자를 돕는 사역과 평신도를 훈련시키는 사역, 둘째 세계선교(TIM)와
문서선교(단행본 · 잡지)사역, 셋째 예수문화 및 경배와찬양 사역, 그리고 가정 · 상담 사역
등을 감당하고 있습니다. 1980년 12월 22일에 창립된 두란노서원은 주님 오실 때까지 이
사역들을 계속할 것입니다.

② 유치부 교사용

God's wonderful world

예 꿈 둘러보기

➡️ **이 과의 목표**
이 과의 교육 목표를 세 가지 차원으로 제시하였습니다.

➡️ **이 과를 준비하는 선생님께**
이 과의 성경 이야기를 이해하는 데 도움이 되는 본문의 신학적 배경과 중심 개념을 설명합니다. 이것을 통하여 선생님은 본문을 깊이 이해하고 그것을 어린이들에게 적절히 표현할 수 있도록 도움 받을 수 있을 것입니다. 또한 어린이뿐 아니라 선생님 자신의 삶에서도 깊이 있는

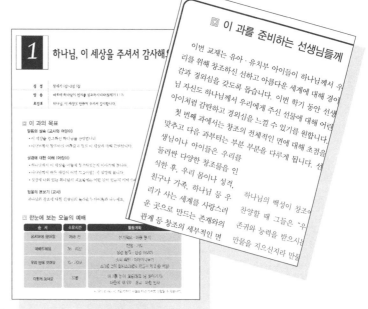

묵상이 이루어지도록 이끌 것입니다.

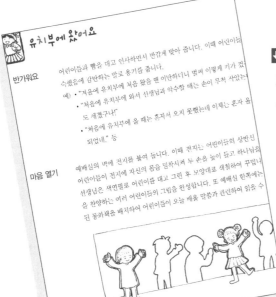

➡️ **반가워요**
교회 가는 것이 기쁘고 즐거운 경험이 될 수 있도록 어린이들을 환영합니다.

➡️ **마음 열기**
그날의 말씀을 잘 이해하도록 도움을 주는 활동입니다.

➡ 성경 봉독

교사용 교재의 성경 본문은 《우리말성경》(두란노서원)을 사용하였습니다.

➡ 들어가기

성경 이야기를 들려주기 전 주의를 집중하도록 돕습니다(도입).

➡ 성경 이야기

설교로 활용할 수 있는 성경 이야기입니다. 매 과의 마지막 페이지에 있는 그림 자료와 가정용 교재의 그림 자료를 활용할 수 있습니다.

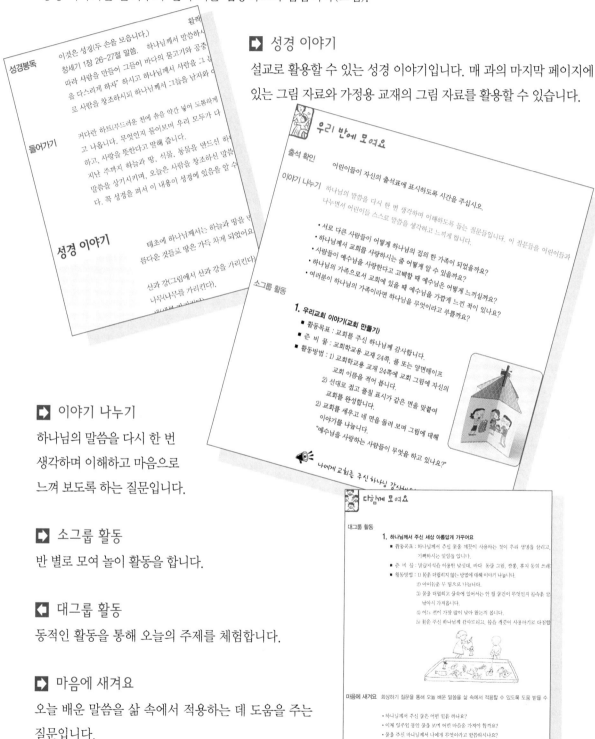

➡ 이야기 나누기

하나님의 말씀을 다시 한 번 생각하며 이해하고 마음으로 느껴 보도록 하는 질문입니다.

➡ 소그룹 활동

반 별로 모여 놀이 활동을 합니다.

➡ 대그룹 활동

동적인 활동을 통해 오늘의 주제를 체험합니다.

➡ 마음에 새겨요

오늘 배운 말씀을 삶 속에서 적용하는 데 도움을 주는 질문입니다.

신앙의 기초를 다지는 부모와 교사

유아기는 신체와 두뇌, 정서가 자라나는 아주 중요한 시기입니다. 그런데 이 시기의 어린이가 하나님을 알아 가는 신앙 발달의 성장기를 지난다는 점은 놓치기 쉽습니다. 하나님을 아는 것이 어린이에게는 해당되지 않는 어려운 일이라고 생각하기 때문입니다. 그러나 한 생명이 태어나는 순간부터 신앙은 뿌리내리기 시작합니다.

하나님은 사람을 사랑하십니다. 온 세상을 만들어 사람에게 선물하시고 독생자를 보내시기까지 사랑하셨습니다. 하나님은 그분의 아들을 믿음으로 하나님의 자녀가 되게 하셨고 이제 영원한 나라를 선사하실 것입니다. 이러한 하나님 사랑을 믿는 믿음과 신앙은 아주 어린 시기부터 기초가 세워집니다.

사랑의 기초 공사 출생 이후 만 4세에 이르는 동안, 어린이의 일생을 지탱할 사랑의 초석이 마련됩니다. 특히 부모와 교사를 비롯한 양육자가 어린이를 대하는 태도와 행동은 그 거대한 작업의 기초 공사와 같아서, 장차 어린이의 인성과 신앙을 좌우합니다. 그러므로 '자신이 사랑과 인정을 받는 소중한 존재' 임을 느끼게 하는 것이 필요합니다. 어린이를 향한 양육자의 사랑이 하나님의 실재와 사랑과 권능을 깨닫게 하는 토대가 된다는 것은 놀라운 사실입니다.

신앙의 기초 공사 어린이에게 하나님을 어떻게 알려 주어야 할까요? 아직 신학이나 교리 등에 관한 논리적 사고가 불가능한데 말입니다. 이 땅에 오신 예수님은 어린아이 같은 세상 사람들에게 하나님을 어떻게 가르치셨을까요?

'하나님은 우리의 아버지' 라고 가르치셨습니다. '아버지' 는 가정에서 배울 수 있는 개념입니다. 어린이는 일상 속에서 '아빠, 아버지' 라는 이름에 매우 친숙해집니다. 이렇듯 부모를 비롯한 양육자들은 어린이에게 하나님을 상상하도록 돕는 중요한 이미지 모델이라는 것을 꼭 기억하며 생활해야 합니다.

더불어 예수님은 들의 백합화와 하늘의 새를 예로 들어 하나님 아버지의 사랑을 가르치셨습니다. 하나님이 지으신 이 세상은 하나님을 알려 주는 훌륭한 교과서입니다. 그리고 예수님의 가르침은 아주 어린 아이에게도 하나님을 알려 주는 방법을 보여준 훌륭한 본보기입니다.

조금 더 자란 5-7세의 어린이는 어떻게 도와야 할까요? 어린이가 하나님은 물론 다른 사람들과도 좋은 관계를 맺도록 이끌어야 합니다. 무엇이든 다 해주던 영유아기를 지나 5세에 이르면, 어린이 스스로 하나님과 사귀도록 격려해야 합니다. 특히 하나님과의 개인적 관계를 형성하며 믿고 의지할 수 있도록 돕는 것이 좋습니다.

어린이에게 배우는 교사와 부모 어린이는 항상 어른에게 가르침을 받아야만 하는 존재가 아닙니다. 예수님은 어린이야말로 하나님 나라를 소유하기에 적합한 바로 그런 사람이라고 하셨습니다. 하나님 나라를 원하는 어른들이 오히려 어린이를 보면서 배우라는 말씀입니다.

신뢰감과 안정감을 주는 부모와 교사의 살뜰한 보살핌이 하나님을 알고 사랑하는 신앙의 기초가 된다는 것은 분명

합니다. 더불어 어른들은 양육자를 믿고 따르며 전적으로 자신을 맡기고 겸손하게 배우려는 어린이에게서 신앙의 참된 자세를 깨우쳐야 할 것입니다. 그러나 신앙의 모든 것을 어른들이 가르쳐야 한다는 생각에서 벗어나야 합니다. 어린이와 함께 하나님을 알고 사랑하며 그분께 의탁하는 믿음의 길을 걷는 것이 중요합니다.

어린이에게는 온 세상이 흥미롭고 신비합니다. 모든 곳이 놀이터이며 모든 것이 장난감처럼 재미있습니다. 어린이는 하나님의 창조 세상을 느끼며 흥분하고 사랑하며 하루 종일 즐거워합니다. 절절한 고백이나 기도로 마음을 전할 순 없지만 그 신나는 표정과 함박웃음, 자연에 몰두하는 모습으로 온전히 하나님께 감사하며 그분을 찬양합니다. 끊임없는 몸짓과 콩콩 뛰는 모습으로 어린이는 자신을 만드신 하나님께 감사합니다.

부모와 교사는 어린이의 이 특별한 예배를 인정할 뿐 아니라 살아 있는 감동의 예배를 본받아야 합니다. 더불어 부모와 교사는 어린이의 해설자가 되어 줄 수 있습니다. 아이들이 얼마나 하나님께 감사하는지, 그들이 표현할 수 없는 벅찬 마음을 말과 기도와 고백으로 덧붙여 주는 것입니다. 어린이 성경을 함께 읽으며 그 감동을 다시 기억나게 할 수 있습니다. 하루를 마치며 잠자리에서 드리는 기도로 그 감사를 하나님께 대신 올려 드리며 본을 보일 수도 있습니다. 어린이를 진심으로 사랑하고 인정할 때, 그 어린이의 마음속에서 사랑받고 인정받는 기쁨이 싹틉니다. 이 사랑과 인정이 관계 형성의 기초를 마련하고, 하나님과의 관계에서도 그대로 나타납니다. 신앙은 하나님께 대한 지식의 정도가 아니라 하나님과의 살아 있는 관계를 가리킵니다.

신앙의 문제는 곧 관계의 문제입니다. 부모와의 좋은 관계, 교사와의 좋은 관계는 하나님을 믿고 신뢰하는 신앙의 기초입니다. 부모가 하나님과 맺는 신뢰의 관계, 교사가 하나님과 맺는 믿음의 관계는 어린이에게 훌륭한 신앙의 본이 됩니다. 어린이가 일상에서 접하는 놀라운 하나님의 세상은 하나님을 알아 가도록 돕는 살아 숨 쉬는 성경입니다. 우리에게 주어진 하나님의 말씀은 어린이에게 살아 계신 하나님의 이야기를 생생하게 전달합니다. 부모와 교사는 하나님의 세상 속 해설자입니다.

어린이들에게 알려 주세요

	0-4세	5-7세
하나님은 이런 분	하나님은 살아 계셔. 하나님은 너를 사랑하셔. 예수님은 너를 사랑하셔.	하나님은 자상한 아버지이시란다. 하나님은 너를 사랑하고 보호하며 필요한 모든 것을 채워 주신단다. 너는 여러 면에서 하나님을 닮았어. 하나님은 어디든지 계시며, 무슨 일이든 하실 수 있으시고 모든 것을 다 아는 분이시지.
하나님이 하시는 일	하나님은 너를 보살피셔. 하나님이 모든 것을 만드셨어. 하나님이 너를 만드셨어. 하나님이 우리에게 성경을 주셨어. 예수님을 믿으면 너는 하나님의 자녀야.	성경 속에 하나님과 예수님, 너를 위한 계획 등 놀라운 일을 써 놓으셨어. 하나님은 너를 위해 아들 예수 그리스도를 이 땅에 보내셨단다. 하나님은 너를 위해 천국을 마련하셨지. 예수님은 너를 위해 다시 오실 거야.
하나님과의 사귐	예수님의 이름으로 하나님과 얘기할 수 있어. 너는 언제든 하나님과 얘기할 수 있어. 성경을 통해 하나님과 예수님에 대해 알 수 있어.	하나님은 너와 사귀기를 원하셔. 하나님의 세상을 보면 하나님이 어떤 분인지 알 수 있단다. 너는 기도할 때 하나님께 무슨 얘기든 할 수 있어. 너는 하나님의 지혜를 구할 수 있어. 너는 성경을 읽음으로 하나님과 사귈 수 있단다.
생활	하나님은 네가 예수님처럼 착하고 바르고 사랑스러운 사람이 되길 원하셔.	성경 속에 하나님과 예수님, 너를 위한 계획 등 놀라운 일을 써 놓으셨어. 하나님은 너를 위해 아들 예수 그리스도를 이 땅에 보내셨단다. 하나님은 너를 위해 천국을 마련하셨지. 예수님은 너를 위해 다시 오실 거야.

성경 이야기꾼이 되고 싶나요?

성경 이야기꾼이 되어 보세요. 선생님은 매주 유아나 유치부 어린이들의 마음과 가슴에 하나님의 말씀이 살아 숨쉬게 하기 위해 최선을 다해 노력할 것이며, 그것은 또한 대단한 즐거움이기도 할 것입니다. 이야기에는 소질이 없다거나 자신이 없어질 때에도 용기를 내십시오! 좋은 이야기꾼은 특별한 유전자를 가지고 태어나는 것이 아닙니다. 그것은 끈질긴 노력과 연습을 통해 이루어지는 것입니다.

시각 자료를 활용할 수도 있지만, 이것은 선생님께서 직접 들려주시는 흥미진진한 이야기를 대신할 수는 없을 것입니다. 시각 자료는 어린이의 이해를 풍성하게 하지만, 때로는 듣는 사람의 주의를 산만하게 하거나 이야기를 들으며 상상력을 펼치는 것을 방해하는 측면도 있습니다.

아이들에게 성경 이야기를 들려줄 때 성경이 성령님의 인도로 쓰여졌다는 것을 꼭 기억하시기 바랍니다. 성경은 부모나 조부모가 아이들과 손자 손녀에게 들려주면서 세대를 거듭해 내려왔습니다. 여러 세대에 걸쳐 전해지던 이 이야기를 그 방식 그대로 전하고 있는 선생님 자신을 상상해 보십시오. 그 이야기의 핵심 메시지와 의도를 반영하면서 신실하게 전하는 방식 말입니다. 신실함은 한 단어 한 단어를 정확하게 전달하는 것보다 더 중요합니다. 또 믿음으로 말씀을 전하십시오. 성령이 당신 안에 거하심을 믿으며 각각의 이야기를 성령의 인도하심에 따라 아이들에게 들려주십시오. 정성을 다하여 철저히 준비하고 선생님 자신이 그 내용에 푹 빠지기 위해, 또 이야기를 생생하게 느끼기 위해 성경을 여러 번 되풀이해 읽으시기 바랍니다. 그리고 선생님께서 사용하는 언어로 부드럽고 흥미진진하게 선생님의 방식대로 전해 보십시오.

창조탁자

이 책의 주제 "하나님 지으신 멋진 세계"를 배우는 동안 예배실 입구나 어린이들이 잘 볼 수 있는 곳에 창조 탁자를 마련해 보세요. 탁자에 테이블보를 얹고 "창조 탁자"라고 적어 벽에 붙여 두거나 명패를 올려놓아도 좋습니다. 어린이들에게 창조 탁자는 하나님께서 만들어 주신 이 세상이 얼마나 신기하고 아름다운지 다함께 느끼고 즐기기 위해 만들어졌음을 설명해 주세요. 그리고 광고 시간마다 어린이들에게 각 과의 주제에 맞춰 관련된 창조물을 어린이들이 집에서 가져오도록 합니다. 예를 들어, 3과 "하나님, 씨앗과 식물을 주셔서 감사해요"를 배우기 한 주 전에 미리 어린이들에게 집에서 씨앗이나 식물을 가져오도록 광고하는 것입니다.

다음 주 어린이들이 주제에 맞는 창조물을 가지고 교회에 오면 창조 탁자 위에 올려놓고 전시합니다. 마음 열기 시간에 친구들은 어떤 것을 가지고 왔는지, 하나님께서 창조하신 창조물들의 신비로움과 아름다움을 마음껏 느낄 수 있도록 도우십시오. 이 창조 탁자 활동은 본 권의 내용을 진행하는 동안 계속 활용할 수 있습니다. 계속 활용해도 좋고, 필요할 때만 활용해도 좋습니다. 교회 사정에 맞게 조정하여 활용하십시오. 특별히 창조 탁자에 대해 언급하고 있는 과들이 있으니 그 때는 좀더 적극적으로 활용하시길 권합니다.

하나님, 이 세상을 주셔서 감사해요

성 경	창세기 1장~2장 1절
암 송	태초에 하나님이 천지를 창조하시니라(창세기 1 : 1)
포인트	하나님, 이 세상을 만들어 주셔서 감사합니다.

◉ 이 과의 목표

믿음의 성숙 (교사와 어린이)

• 이 세상을 창조하신 하나님을 찬양합니다.

• 하나님께서 창조하신 아름답고 멋진 이 세상에 대해 감탄합니다.

성경에 대한 이해 (어린이)

• 하나님께서 이 세상을 어떻게 창조하셨는지 이야기해 봅니다.

• 하나님께서 만든 세상이 어떤 모습이었는지 설명해 봅니다.

• 성경에 나와 있는 하나님의 피조물에는 어떤 것이 있는지 이야기해 봅니다.

믿음의 본보기 (교사)

하나님의 창조에 대한 선생님의 놀라움을 아이들과 나누세요.

◉ 한눈에 보는 오늘의 예배

순 서	소요시간	활동계획
유치부에 왔어요	예배 전	반가워요 · 마음 열기
예배드려요	35－40분	찬양 · 기도 성경 봉독 · 성경 이야기
우리 반에 모여요	15－20분	출석 확인 · 이야기나누기 소그룹 놀이 활동(스크랩북 만들기 외 2 중 택일)
다함께 모여요	10분	대그룹 놀이 활동(창조 날 찾아가기) 마음에 새겨요 · 광고 · 마침 인사

＊ 위의 순서는 각 교회학교의 사정에 따라 다르게 진행될 수 있습니다.

▣ 이 과를 준비하는 선생님들께

이번 교재는 유아·유치부 아이들이 하나님께서 우리를 위해 창조하신 선하고 아름다운 세계에 대해 경이감과 경외심을 갖도록 돕습니다. 이번 학기 동안 선생님 자신도 하나님께서 우리에게 주신 선물에 대해 어린아이처럼 감탄하고 경외심을 느낄 수 있기를 원합니다.

첫 번째 과에서는 창조의 전체적인 면에 대해 초점을 맞추고 다음 과부터는 부분 부분을 다루게 됩니다. 선생님이나 아이들은 우리를 둘러싼 다양한 창조물을 인식한 후, 우리 몸이나 성격, 친구나 가족, 하나님 등 우리가 사는 세계를 사랑스러운 곳으로 만드는 존재와의 관계 등 창조의 세부적인 면을 생각해 볼 것입니다.

하나님께서는 오직 말씀으로 아무것도 없는 것에서 모든 것을 창조하셨습니다. "믿음으로 모든 세계가 하나님의 말씀으로 지어진 줄을 우리가 아나니 보이는 것은 나타난 것으로 말미암아 된 것이 아니니라"(히 11 : 3).

창세기 1장은 혼돈의 상태(2절)에서 완전한 질서를 가진 하나님께서 "보시기에 심히 좋았더라"(31절)고 선포하는 상태로 이행하는 것을 보여 줍니다.

"땅이 혼돈하고 공허하며"(2절). 하나님의 말씀이 가지고 있는 창조의 능력은 이 혼돈하고 공허한 세계에 질서와 충만함을 줍니다. 첫째 날 하나님은 빛을 창조하시고, 빛과 어두움을 나누어 낮과 밤의 형태를 주십니다. 둘째 날 하나님은 물과 물을 나누어 하늘을 만드십니다. 셋째 날 하나님은 물을 한 곳으로 모이게 하여 물과 뭍으로 나누고 땅과 바다를 만드십니다. 형태가 없었던 세계는 이제 형태를 갖추지만 아직까지는 공허한 상태입니다.

하나님께서는 이 공허를 채우기 시작하시는데, 넷째 날 태양과 달, 별들을 창조하여 하늘을 채우십니다. 다섯째 날 하나님은 물고기로 바다를, 새들로 하늘을 채우십니다. 여섯째 날에는 짐승과 육축, 땅에 기는 것과 들짐승을 창조하십니다. 그리고 하나님은 창조의 마지막 결정체로서 남자와 여자를 창조하십니다. 하나님께서는 창조 과정을 끝낸 후 지으신 것을 돌아보시고 "아주 좋다."고 하셨습니다.

창세기 1장의 심오한 진리는 하나님의 백성으로 하여금 이 모든 창조 과정에 대해 기뻐하며 "여호와 우리 주여 주의 이름이 온 땅에 어찌 그리 아름다운지요 주의 영광을 하늘에 두셨나이다 주의 대적을 인하여 어린아이와 젖먹이의 입으로 말미암아 권능을 세우심이여 이는 원수와 보수자로 잠잠케 하려 하심이니이다."(시 8 : 1-2)라고 찬양하게 합니다. 하나님의 백성이 창조에 대해 기뻐하며 하나님을 찬양할 때 그들은 "우리 주 하나님이여 영광과 존귀와 능력을 받으시는 것이 합당하오니 주께서 만물을 지으신지라 만물이 주의 뜻대로 있었고 또 지으심을 받았나이다."라는 하늘의 소리에 참여하는 것입니다.

하나님의 백성이 창조에 대해 기뻐하며 하나님을 찬양할 때 그들은 "우리 주 하나님이여 영광과 존귀와 능력을 받으시는 것이 합당하오니 주께서 만물을 지으신지라 만물이 주의 뜻대로 있었고 또 지으심을 받았나이다."라는 하늘의 소리에 참여하는 것입니다.

유치부에 왔어요

➡️ **반가워요** 아이들로 하여금 자신이 따뜻하게 맞아지고 환영받고 있음을 느끼는 분위기를 만드는 데 특별히 신경을 써 주세요. 분위기가 무엇보다도 중요합니다. 아이들은 성경 공부 시간 동안 했던 활동이나 선생님이 한 이야기는 잊어버려도 그곳의 분위기는 오랫동안 잊어버리지 않기 때문입니다.

➡️ **마음 열기** 아이들에게 미리 녹음된 자연의 소리(봄·여름·가을·겨울의 소리, 물소리, 바람소리 등)를 들려주고 무슨 소리인지를 알아맞혀 보게 합니다. 자연의 소리를 들으며 자연을 만드신 분이 하나님이심을 자연스럽게 고백하게 합니다.

 예배 드려요

➡️ **찬　　양** 고운 하늘 누가
　　　　　　　날 만드심이라
　　　　　　　하나님 감사해요
　　　　　　　우리의 찬양

➡️ **기　　도** 멋진 세상을 만드신 하나님! 우리에게 멋진 세상을 만들어 주시고, 그 안에서 살면서 하나님께 찬양하게 해 주셔서 감사합니다. 오늘 우리들이 드리는 예배를 기쁘게 받아 주세요. 예수님 이름으로 기도합니다. 아멘.

➡️ **성경봉독** 이것은 성경(두 손을 모읍니다.)　　　　　　활짝 펴요.(책을 펴듯이 펼칩니다.)
　　　　　　　창세기 1장 1절 말씀.　하나님께서 태초에 하늘과 땅을 창조하셨습니다.

➡️ **들어가기** 먼저, 창세기는 성경에서 제일 처음 나오는 이야기라고 먼저 소개합니다. 이야기에 쓸 자료를 미리 가방이나 상자에 넣어 두어 아이들의 호기심을 유발합니다.

> *선생님, 잠깐만요!*
>
> 선생님 자신이 알지 못하거나 경험하지 못한 것을 어린이들에게 이야기할 수는 없습니다. 창조를 주제로 한 이번 학기 동안 선생님 자신이 먼저 하나님의 창조에 대한 감사를 새롭게 함이 필요합니다. 선생님의 목소리에 하나님의 능력에 대한 자신만의 순수한 경외심과 놀라움이 실리도록 하십시오. 주변 세계에 대해 아이처럼 바라볼 때 선생님의 눈은 비로소 신기함으로 반짝일 것입니다. 어린이들은 선생님의 말이나 말하는 방식, 얼굴 표정에서 깊은 영향을 받습니다. 아이들이 넓은 세계와 그 창조주를 만나면서 즐거이 경이로움에 빠져들도록 이끄십시오

☼ 성경 이야기

처음에는 아무것도 없었어요. 하나님 외에는 아무것도 없었지요. 사람도, 하늘도, 땅도 없었어요. 빛도, 물도, 숨쉴 공기도 없었어요. 하나님 외에는 아무것도 없었어요.

그런데 하나님께서 세상을 창조하셨어요. 아무것도 없는 것에서 세상을 만드셨어요! 말씀만 하셨는데 세상이 나타났어요.

(긴 끈이나 색실로 마루에 천천히 동그라미 모양을 만든다. 뒤로 물러앉아 색실로 만든 둥그런 세상을 살펴본다.) 그러나 세상은 텅 비어 있어서 땅이나 물, 바다밖에는 없었어요. 그래서 하나님께서는 수많은 아름다운 생물들로 세상을 채우기 시작하셨어요.

하나님께서는 먼저 강하고 충만한 빛과 부드럽고 온화한 어두움을 생각하셨어요. 그래서 빛과 어두움을 나누어 빛을 낮이라, 어두움을 밤이라 부르셨지요(마루에 만든 동그라미 안에 촛대를 세워두고 불을 붙인다. 그리고 초를 슬쩍 만져 본 후 감탄하는 눈으로 그것을 바라본다). 하나님께서는 아무것도 없는 것에서 빛을 만드셨어요! 하나님께서 말씀하시니 생겨난 거예요! 하나님께서 빛을 바라보시니 좋았어요.

하나님께서는 밝은 색들과 달콤한 냄새를 생각하셨어요. 그리고 하나님께서 말씀하시니 꽃이 생겨났어요(동그라미 안에 꽃을 놓은 후 가볍게 건드리고 놀라운 눈으로 바라본다). 하나님께서는 아무것도 없는 것에서 꽃을 만드셨어요! 하나님께서 말씀하시자 생겨난 거예요! 하나님께서 꽃을 하나하나 살펴보셨어요. 보시기에 매우 좋았어요.

하나님께서는 무언가 강하고 무겁고 둥글고 아름다운 것을 생각하셨지요. 하나님이 말씀하시자 돌과 바위들이 세상에 나타났어요(동그라미 안에 색깔 있는 돌을 놓고 잠시 만지면서 감탄한다). 하나님께서는 아무것도 없는 것에서 돌과 바위들을 만드셨어요! 하나님께서 말씀하시자 생겨난 거예요! 하나님은 돌과 바위를 하나하나 보셨어요. 그것은 보시기에 좋았어요.

하나님께서는 날아다니면서 노래하는, 가볍고 깃털처럼 빠른 생물을 생각하셨어요. 하나님께서 말씀하시자 세상에 새들이 나타났어요(새 깃털을 꺼내 동그라미 안에 놓은 후 깃털을 쓰다듬으며 얼마나 부드러운지 감탄한다). 하나님께서는 아무것도 없는 것에서 모든 새들을 만드셨어요! 하나님께서 말씀하시자 새가 생겨난 거예요! 하나님께서 새 한 마리, 한 마리를 돌아보셨는데, 그것은 보시기에 좋았어요.

하나님께서는 푸른 잎과 나뭇가지과 시원한 그늘을 만드는 나무를 생각하셨어요. 하나님께서 말씀하시자 이 세상에 나무와 식물들이 나타났어요(나뭇가지를 꺼낸 후 동그라미 안에 조심스럽게 놓는다). 하나님께서는 아무것도 없는 것에서 모든 나무와 식물들을 만드셨어요! 하나님께서 말씀하시자 모든 나무와 식물들이 생겨난 거예요! 하나님께서는 각 식물들을 돌아보셨는데, 그것은 좋았어요.

하나님께서는 맛있는 과일, 갖가지 색깔과 달콤한 즙으로 가득한 과일을 생각하셨어요. 하나님께서 말씀하시자 나무와 식물들에서 과일이 자라나기 시작했어요(동그라미 안에 과일을 놓는다). 하나님께서는 아무것도 없는 것에서 달콤하고 즙이 많은 과일을 만드셨어요! 하나님께서 말씀하시자 과일들이 생겨났어요! 그리고 하나님께서 각 과일을 돌아보셨는데, 그것은 보시기에 좋았어요.

하나님께서는 숲이나 들에 밝은 눈과 빠른 발, 털이 덮인 몸을 가지고 사는 것들과 물속에 은빛 비늘을 반짝이며 사는 것들을 생각하셨어요. 하나님께서 말씀하시자 세상에는 많은 동물이 생겨나고, 물은 물고기로 가득 차게 되었어요(물고기나 작은 동물을 들어올려 경이로움으로 바라보며 동그라미 안에 놓는다). 하나님께서는 아무것도 없는 데서 모든 동물들과 물고기들을 만드셨어요! 하나님께서 말씀하시자 생겨난 거예요. 그리고 하나님께서 각각의 동물과 물고기를 돌아보셨는데, 그것은 보시기에 좋았어요.

하나님께서는 함께 이야기하고 웃으며 사랑할 누군가를 생각하셨어요. 하나님께서는 부드럽고 말랑말랑한 피부와 반짝이는 머리칼을 가진 누군가를 생각하셨지요. 풍부한 상상력과 세상의 모든 좋은 것들을 바라볼 밝은 눈을 가지고, 배우고 질문할 마음을 가진 누군가, 무엇보다도 하나님께 사랑을 돌려줄 가슴을 가진 누군가를 생각하셨어요. 하나님께서는 흙으로부터 손수 사람의 형체를 만드셨어요. 그리고 사람에게 하나님 자신의 호흡을 불어넣어 생기로 살아나게 하셨어요(아이들 중 한 명에게 동그라미 안으로 들어와 조용히 앉아 있으라고 한다).

그래요! 하나님께서는 하나님과 이야기할 수 있고, 하나님을 사랑할 수 있고, 하나님께서 이 세상에 만드신 모든 좋은 것들을 돌볼 수 있는, 살아 숨쉬는 사람을 만드신 거예요(아이들을 하나하나 가볍게 안은 후 뒤로 물러앉아 하나님께서 창조한 이 훌륭한 피조물을 감탄의 눈으로 바라본다). 하나님께서는 자신이 만드신 모든 것을 바라보셨어요(설교자의 손을 전체 동그라미 위로 천천히 움직인다). 그리고 보세요! 그것은 정말 좋았어요.

우리 반에 모여요

➡️ **출석 확인**   어린이들이 자신의 출석표에 표시하도록 시간을 주십시오.

➡️ **이야기 나누기**   하나님의 말씀을 다시 한 번 생각하며 이해하도록 돕는 질문들입니다. 이 질문들을 어린이들과 나누면서 어린이들 스스로 말씀을 생각하고 느끼게 합니다.

- 세상에 아무것도 없을 때 하나님께서는 어떠셨을까요?
- 하나님께서는 왜 세상을 만드셨을까요?
- 하나님께서는 무엇으로 세상을 창조할 수 있었을까요?

• 풀이나 나무, 식물 그리고 맛있는 과일이 하나도 없다면 세상은 어떤 모습일까요?

• 하나님께서는 세상에 있는 이 모든 것들을 어떻게 다 생각해 내셨을까요?

• 하나님께서는 세상을 만드시고 마음이 어떠셨을까요?

▶ 소그룹 활동

1. 하나님 지으신 멋진 세계(스크랩북 만들기)

- 활동목표 : 하나님께서 나를 위해 이 세상을 만들어 주셨음을 압니다.
- 준 비 물 : 교회학교용 교재 3~6쪽, 스티커, 스테이플러, 리본 끈
- 활동방법 : 1) 빨주노초파남보 색종이를 떼어 차례로 접어 스크랩북을 만듭니다.

  2) 초록색 종이에 끈을 붙이고 접은 후 바깥 면에 스테이플러로 고정하여 손잡이를 만듭니다.

  3) 각 장에 창조 순서대로 스티커를 붙입니다.

  4) 스크랩북을 한 장씩 넘기며 하나님이 만드신 아름다운 세상에 대해 이야기 나눕니다.

  Tip : 아이들의 수준에 맞게 선생님께서 스크랩북을 만들어 두셔도 좋습니다.

 하나님, 이 세상을 만들어 주셔서 감사해요!

2. 아름답고 훌륭한 세상을 창조하셨어요(공동 작품)

- 활동목표 : 하나님께서 만드신 세상을 꾸미며 만드신 창조 세계를 느낄 수 있도록 합니다.
- 준 비 물 : 큰 도화지, 크레파스, 복사된 그림들(하늘, 땅, 바다의 피조물 그림들), 풀
- 활동방법 : 1) 아이들에게 하나님께서 무엇을 만드셨는지를 질문하며 준비된 재료를 보여 줍니다.

  2) 여러 가지 재료를 이용해서 하나님이 만드신 세상을 어떻게 꾸며 볼지 생각해 봅니다.

3) 스티로폴 판지(또는 큰 도화지) 위에 하나님께서 만드신 하늘, 땅, 바다를 크레파스로 색칠하여 꾸밀 수 있도록 합니다.

4) 준비된 여러 가지 복사물(하늘, 땅, 바다의 피조물 그림들)을 이용해서 창조의 세상을 꾸미며 하나님께서 만드신 거대한 창조의 세계를 느낄 수 있도록 돕습니다.

3. 자연 속에서 수집한 것으로 꾸미기

■ 활동목표 : 하나님께서 만드신 자연 속에서 수집한 자연 재료로 꾸며 보면서 하나님께서 만드신 창조 세계를 느낄 수 있도록 합니다.

■ 준 비 물 : 투명 시트지, 자연 재료(나뭇잎, 작은 돌멩이, 나뭇가지 등)

■ 활동방법 : 1) 하나님께서 만든 자연에서 산책하면서 하나님의 세상을 느껴 봅니다(함께 산책하는 것이 어렵다면 선생님이 자연 속에서 모아온 재료를 보여 주면서 선생님이 자연에 대해 느낀 감상을 어린이들과 나눕니다).

2) 여러 가지 재료를 이용해 마음대로 꾸며 볼 수 있도록 합니다.

산책하고 창조 탁자 꾸미기

아이들과 함께 하나님께서 창조하신 자연을 걸어 보십시오. 아이들에게 쇼핑백을 하나씩 나눠 주어 산책 중에 발견한 돌이나 나뭇잎 등 하나님의 창조물을 모으게 한 후 성경공부 방으로 돌아와 '창조' 탁자를 꾸미게 합니다.

날씨나 다른 이유로 산책이 어렵다면 상상력을 이용해 길을 떠나 보십시오. 성경 이야기가 끝나면 아이들에게 편한 곳에 엎드리거나 누우라고 합니다. 모두 눈을 감고 상상을 통해 밖으로 나가 걷는 것입니다. 이때 다른 사람이 걷는 데 방해되지 않게 되도록 조용히 하라고 주의를 줍니다. 잔잔한 음악을 틀어놓고 아름다운 자연 속을 걷고 있는 것처럼 선생님이 어린이들을 인도합니다. 자연의 여러 모습들이 상상되도록 나무와 꽃, 시냇물과 크고 작은 바위들을 조용한 음성으로 묘사해 주어 어린이들이 자연을 상상할 수 있는 시간을 갖습니다. 산책이 끝난 후에는 아이들에게 무엇이 제일 좋았는지 묻습니다.

아이들은 무엇이 제일 좋았다고 생각합니까? 하나님께서 만든 세상을 상상할 수 있었나요? 아이들이 마음의 눈으로 세상을 볼 수 있었습니까? 하나님께서 만드신 세상에 대한 반응으로 아이들은 하나님께 무엇이라 말씀드리고 싶어 하나요?

▶ 간식   어린이들의 영양을 고려한 간식을 준비합니다.

다함께 모여요

▶ **대그룹 활동**

1. 창조 날 찾아가기

■ 활동목표 : 창조하신 날과 그 창조물을 살펴보면서 하나님의 창조의 순서를 익히고 감사드리게 합니다.

■ 준 비 물 : 숫자 '1' 부터 '6' 까지 쓰여 있는 도화지 6장

■ 활동방법 : 1) '1' 부터 '6' 까지 쓰여 있는 창조 날 팻말을 교사 한 명이 하나씩 가지고 흩어져 섭니다.

2) 아이들과 교사가 손을 잡고 원을 돌며 천지창조에 관한 찬양을 부릅니다.

3) 진행자가 "창조!"라고 외친 후 창조한 것 중 하나를 크게 외치면 아이들은 해당되는 창조 날을 찾아서 갑니다.

예) "창조! 해 달 별!"이라고 교사가 외치면 아이들은 '4'의 팻말에 가서 섭니다.

4) 반복하여 놀이하면서 창조 날과 창조물을 자연스럽게 알게 하세요.

하나님은 세상을 이렇게 이렇게 만드셨어 요

1. 첫 째 밝은 빛 둘 째 하늘을 셋 째 나무를 넷 째 해와 달
2. 다 섯 물고기 여 섯 사람을 일 곱 주일을 주 셨 습 니 다

➡ 마음에 새겨요 회상하기 질문을 통해 어린이들은 오늘 배운 성경 말씀을 삶 속에서 적용할 수 있도록 도움 받을 수 있답니다.

- 하나님께서는 왜 세상을 만드셨을까요?
- 나는 하나님께서 만드신 창조물 중에 무엇이 제일 좋은가요?
- 일주일 동안 세상을 만드신 하나님을 생각하면서 무엇을 하고 싶나요?
- 세상을 창조하신 하나님께서 나에게 뭐라고 말씀하시나요?

➡ 기　　도 아름다운 이 세상을 만들어 주신 하나님! 이번 한 주도 우리를 지켜 주실 것을 믿어요. 이번 한 주간 세상을 만들어 주신 하나님께 감사하며 찬양하게 해 주세요. 예수님 이름으로 기도합니다. 아멘.

➡ 광　　고 가정용 교재로 오늘 배운 성경 이야기를 집에서 복습하도록 광고해 주십시오.

➡ 마침인사 샬롬 노래를 부르며 집으로 돌아갑니다.

샬롬 샬롬 선생님 샬롬 샬롬 친구들
다음 주에 다시 만나 예배드리자
샬롬 샬롬 샬-롬

2 하나님, 물을 주셔서 감사해요

성 경	창세기 1장 9~10절
암 송	태초에 하나님이 천지를 창조하시니라(창세기 1 : 1)
포인트	하나님, 우리에게 물을 주셔서 감사합니다.

◎ 이 과의 목표

믿음의 성숙 (교사와 어린이)

• 우리가 사는 세상에서 물이 얼마나 소중한지 느낍니다.

• 물을 주신 하나님께 감사드리고 기쁨으로 찬양합니다.

성경에 대한 이해 (어린이)

• 우리가 매일 사용하는 물을 누가 창조하셨는지 이야기합니다.

• 우리는 물을 어떻게 사용하는지 이야기해 봅니다.

• 다양한 방법으로 물을 사용해 봅니다.

믿음의 본보기 (교사)

하나님께서 선물로 주신 물을 현명하게 사용하는 방법에 대해 이야기 나누세요.

◎ 한눈에 보는 오늘의 예배

순 서	소요시간	활동계획
유치부에 왔어요	예배 전	반가워요 · 마음 열기
예배드려요	35 – 40분	찬양 · 기도 성경 봉독 · 성경 이야기
우리 반에 모여요	15 – 20분	출석 확인 · 이야기나누기 소그룹 놀이 활동(동서남북 만들기 외 2 중 택일)
다함께 모여요	10분	대그룹 놀이 활동(낚시 놀이) 마음에 새겨요 · 광고 · 마침 인사

＊ 위의 순서는 각 교회학교의 사정에 따라 다르게 진행될 수 있습니다.

물은 우리가 사는 세상에서 꼭 필요할 뿐 아니라 그 영향력이 대단히 큽니다.

하나님께서 말씀으로 창조하시기 전의 물은 혼돈하고 공허한 상태로 그려집니다(창 1 : 2). 깊고 어두운 수면 위로 하나님의 영이 운행하셨습니다. 처음 하늘이라 불리는 궁창이 물을 가르자 하늘 아래 물과 그 위의 물로 나뉘었는데, 궁창 위의 물은 하나님께서 하늘의 창들을 열 때(창 7 : 11) 비로 내립니다. 하나님께서는 하늘 아래 물을 한 곳으로 모아 바다를 만들고 뭍이 드러나게 하셨습니다. 그리고 "큰 물고기와 물에서 번성하여 움직이는 모든 생물을 그 종류대로"(창 1 : 21) 바다에 채우셨습니다.

하나님의 백성 이스라엘은 바다와 가까운 민족이 아니었습니다. 오히려 대체로 이스라엘은 바다에 대해 불편하게 느꼈습니다. 그들은 바다를 예측할 수 없고 위험한 장소로 보았습니다. 다니엘서나 요한계시록을 보면 큰 괴물이 바다에서 나옵니다(단 7 : 3, 계 13 : 1). 물은 바로의 군대를 쳐부수기도 했습니다. 그리고 요나를 심판하는 도구이기도 했습니다. 그러나 바다의 파괴력에 대한 이스라엘의 두려움에도 불구하고, 시편 기자는 하나님께서 바다와 육지에 힘을 행사하신다고 고백합니다. "바다가 그의 것이라 그가 만드셨고 육지도 그의 손이 지으셨도다."(시 95 : 5)

또한 이스라엘 역사에서 우물이나 강은 무척 중요한 역할을 합니다. 광야에서 물이 필요할 때 이스라엘 백성들은 바다를 다스리는 하나님을 바라보았습니다. 약속의 땅에 이르렀을 때도 물을 찾았던 그들은 오른쪽에는 광야, 왼쪽에는 바다가 펼쳐진 곳에 자리 잡았습니다.

물은 생명의 근원이기도 합니다. 우리는 물 없이 살 수 없습니다. 여기에서 우리는 물의 상징적 의미를 찾아낼 수 있습니다. 예수님은 사마리아의 우물가에서 여인에게 생명의 물을 주셨고, "누구든지 목마르거든 내게로 와서 마시라 나를 믿는 자는 성경에 이름과 같이 그 배에서 생수의 강이 흘러나리라"(요 7 : 37 – 38)고 하셨습니다. 세례는 예수 안에서 우리 존재가 죄로부터 깨끗해지고 새로운 생명을 얻는다는 것을 상징합니다. 물의 물리적인 힘이 생명을 파괴하듯이, 세례의 물은 또한 우리의 옛 삶을 무너뜨리는 것을 상징합니다. 그것은 우리가 죽은 후 예수님과 함께 다시 살아남을 상징하기도 합니다.

물은 생명의 근원이기도 합니다. 우리는 물 없이 살 수 없습니다. 여기에서 우리는 물의 상징적 의미를 찾아낼 수 있습니다. 세례는 예수 안에서 우리 존재가 죄로부터 깨끗해지고 새로운 생명을 얻는다는 것을 상징합니다. 물의 물리적인 힘이 생명을 파괴하듯이, 세례의 물은 또한 우리의 옛 삶을 무너뜨리는 것을 상징합니다. 그것은 우리가 죽은 후 예수님과 함께 다시 살아남을 상징하기도 합니다.

우리는 보통 마시는 물에 대해 맑고 깨끗함을 기대합니다. 성경 공부하는 동안에도 물을 마시겠다는 아이들이 있겠지요. 그러나 늪지의 물, 한 방울을 현미경으로 관찰해 본다면 한 방울의 물이 하나님의 가장 작은 피조물들이 사는 장소이기도 하다는 것을 알 수 있습니다. 더러운 물을 마시면 병에 걸린다는 것은 아이들도 알 것입니다. 아이들도 더러운 물과 깨끗한 물을 구분할 수 있으며, 하나님께서 우리에게 물을 주셨고 그것을 현명하고 신중하게 사용하기 원하신다는 것을 이해할 수 있을 것입니다.

유아 세례를 받을 때 그 아이가 하나님께 속했다는 의미로, 아이의 머리에 물을 붓기 때문에 아이들은 물이 하나님을 경배하는 데 쓰이기도 한다는 것을 어렴풋이 알 수 있을 것입니다. 어린이들이 물의 상징적인 사용을 완전히 이해하기는 어렵습니다. 그러나 아이들이 경험해 보았던 것을 상기시키면서 설명할 수 있습니다. 아이들은 사고력이 커지면서 물의 상징적 중요성에 대해 이해할 준비를 갖추게 됩니다.

유치부에 왔어요

➡️ **반가워요** 들어오는 입구에 물과 종이컵이나 작은 컵을 준비해 두었다가 들어오는 아이들에게 물을 따라 주세요. 환절기에 감기가 들어 기침을 하는 아이가 있다면 물이 도움이 될 것입니다. "물은 우리에게 꼭 필요한 것이란다."라고 밝게 웃으며 아이들을 맞이해 주세요.

➡️ **마음 열기** 물에 관련된 과학 동화나 환경 동화, 노아의 방주를 주제로 한 성경 동화 등을 비치해 두어 아이들이 읽게 하고, 오늘 주제에 대해 자연스럽게 마음을 열 수 있도록 합니다.

예배 드려요

➡️ **찬 양** 예수님이 말씀하시니
주의 자비가 내려와

➡️ **기 도** 멋진 세상을 만드신 하나님! 우리에게 너무나 꼭 필요한 물을 주셔서 감사합니다. 오늘 우리들이 드리는 예배를 기쁘게 받아 주세요. 예수님 이름으로 기도합니다. 아멘.

➡️ **성경봉독** 이것은 성경(두 손을 모읍니다.)   활짝 펴요.(책을 펴듯이 펼칩니다.)
창세기 1장 9-10절 말씀.   하나님께서 말씀하시기를 "하늘 아래의 물은 한 곳에 모이고 뭍이 드러나라" 하시니 그대로 됐습니다. 하나님께서 이 뭍을 '땅' 이라 부르시고 모인 물을 '바다' 라 부르셨습니다. 하나님께서 보시기에 좋았습니다.

➡️ **들어가기** 오늘의 이야기를 소개하기 위해 유리컵, 화분, 세수 수건, 칫솔, 냄비, 더러운 양말, 주방세제, 수영복 등 물을 사용하는 여러 가지 방법을 보여 줄 물건들로 가득 찬 가방을 가져오십시오. 이 물건들을 차례차례 아이들에게 보여 주면서 각 물건의 용도가 무엇인지 아이들에게 물어 보십시오. 가방에 있던 물건을 모두 꺼내 놓았으면 아이들에게 물을 이용하는 방법 중 또 다른 것은 없는지 물어봅니다.
그리고 창세기 1장을 펴서 보여 주며 오늘은 물에 대해, 또 우리의 위대한 하나님께서 우리가 사는 세상을 위해 어떻게 물을 만드셨는지에 대해 더 많이 배울 것이라고 설명합니다.

✪ 성경 이야기

(물 주전자나 푸른 가지, 꽃, 시든 나뭇잎 등은 가방이나 상자에 숨겨 놓고, 마른 흙이나 모래로 가득 찬 상자를 선생님 앞에 놓습니다. 마른 흙이 담긴 상자를 바라보면서 잠시 조용히 앉아 있다가 천천히 손으로 흙을 평평하게 고른다.)

태초에 하나님께서 땅을 창조하셨어요. 모래도 만드시고 흙과 진흙도 만드셨지요. 또 있어요. 아주 단단한 바위예요. 작은 돌멩이부터 커다란 바위까지도 모두가 하나님 작품이지요.

그러나 땅은 건조하고 먼지투성이었어요(몇 번 정도 손가락 사이로 흙이 흘러내리게 한다). 이렇게 바싹 마른 땅에서 식물이 자랄 수가 있을까요?(가방에서 마른 나뭇잎이 달린 가지를 꺼내 모래 위에 꽂는다). (힘이 없는 목소리로) "목이 말라요. 목이 말라요. 너무 뜨거워 숨을 쉴 수가 없어요." 기운 없이 중얼거리던 식물들은 뜨거운 햇빛이 비치자 그만 말라 죽고 말았어요(시든 나뭇가지를 보여 준다).

(아이들을 향해 질문한다.) 이 나뭇가지가 어떻게 보이나요? ("힘이 없어요.", "말랐어요.")

(아이들을 향해 질문한다.) 이 나무에게 무엇이 필요할까요? ("물이요.", "양분이요.", "해를 막아줘요.")

그래요. 하나님께서는 흙만으로는 아무것도 자랄 수 없다는 것을 아셨어요. 무엇인가 시원하고 촉촉한, 생명을 가져오는 것이 있어야 한다는 것을 아셨지요(분무기에 물을 넣어 뿌린다). 졸졸졸 흐르는 시냇물, 주룩주룩 내리는 비, 쏴아아 파도치는 바다, 넘실넘실 춤추는 강물……. 하나님께서는 마른 땅에 생명을 주도록 물을 만드셨어요. 하나님께서 물을 주셔서 목마른 동물들이나 사람, 새, 곤충들이 마실 수 있게 되었지요(물을 흙에 붓는다).

땅이 물로 촉촉이 젖어 부드러워지자 푸른 식물들이 자라기 시작했어요(물을 부어 축축해진 흙에 푸른 잎들과 꽃들을 놓는다. 손가락으로 물을 조금 더 뿌린다).

마른 땅은 아름답고 푸른 정원이 되었어요. 하늘을 나는 새도, 바다 속을 헤엄치는 물고기도, 넓은 들을 뛰어 다니는 동물들도 하나님께서 만드신 물을 마시고 생기를 얻었어요. 하나님께서 창조하신 물은 이 땅에 생명을 가져다 주었어요(땅과 식물들 위에 손을 올려 축복하듯 한다).

하나님께서 땅과 물을 보고 뭐라고 하셨을까요?(아이들을 보며 "하나님 보시기에 좋았더라"라는 대답을 하도록 유도한다) 그래요, "좋구나." 말씀하셨지요.

우리 반에 모여요

➡️ **출석 확인**   어린이들이 자신의 출석표에 표시하도록 시간을 주십시오.

(물과 관련된 스티커 – 예를 들어 우산과 비 그림 스티커 – 를 나눠 주는 것도 좋은 방법입니다).

➡️ **이야기 나누기**   하나님의 말씀을 다시 한 번 생각하며 이해하도록 돕는 질문들입니다. 이 질문들을 어린이들과 나누면서 어린이들 스스로 말씀을 생각하고 느끼게 합니다.

- 너무 덥거나 목마를 때 물이 없다면 어떻게 될까요?
- 물이 없는 세상을 상상해 봐요. 어떻게 될까요?
- 물을 가지고 재미있게 놀 수 있는 일이 뭐가 있나요?
- 하나님께서는 우리가 좋아하는 물을 만드시고 어떻게 생각하셨을까요?

➡️ **소그룹 활동**

1. 물은 정말 어떤 것일까? (교회학교용 교재 7쪽)

- ■ 활동목표 : 하나님이 주신 물의 중요성을 깨닫고 감사드립니다.
- ■ 준 비 물 : 교회학교용 교재 7쪽, 5쪽, 가위, 풀
- ■ 활동방법 : 1) 선을 따라 '동서남북' 을 접습니다.

           2) 접은 면을 펼치며 물의 소중함을 이야기합니다.

           3) 다시 한 번 표시를 따라 접어 '동서남북(비,
              시냇물, 강, 바다)' 을 만듭니다.

           4) '동서남북(비, 시냇물, 강, 바다)' 을 펼치며
              놀이합니다.

              ① 방향과 번호를 말합니다(예, 시냇물 3번, 바다 2번 등).

              ② ①의 숫자대로 '동서남북' 을 움직여 해당 면의 질문에 답합니다.
                  (빗방울– 비 올 때 사용하는 물건, 빗소리 흉내 내기, 시냇물– '시' 자로
                  시작되는 말, 시냇물에서 할 수 있는 놀이, 강– 강 이름 대기, '조약돌'
                  노래 부르기, 바다– 바다에 사는 동물, 바다에서 탈 수 있는 것)

              ③ 게임을 반복하며 물의 쓰임을 생각해 봅니다.

           5) '동서남북' 을 한손으로 잡아 움직이며 "하나님, 물을 주셔서 고맙습니다"
              하고 외칩니다.

       tip1) 아이들과 물이 필요한 곳을 위해 기부금을 모으거나 물을 아끼는 캠페인을 기획해
              보세요(물이 부족한 나라의 영상을 보여 주는 것도 좋습니다).

       tip2) '동서남북' 접기가 어려울 수 있으니 미리 접어 접는 선을 부드럽게 해두면 좋습니다.

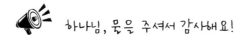 하나님, 물을 주셔서 감사해요!

2. '물을 가지고 할 수 있는 일' 그리기

- 활동목표 : 물을 가지고 활동하면서 하나님께서 물을 주신 것에 대해 감사드립니다.
- 준 비 물 : 도화지(여러 가지 모양과 색깔의 도화지), 크레파스, 색연필, 사인펜 등
- 활동방법 : 1) 아이들은 자신이 원하는 모양과 색깔의 도화지를 선택합니다.

  2) 아이들에게 "물을 가지고 할 수 있는 일이 무엇일까요?"라고 질문하여 물을 가지고 할 수 있는 것들을 생각해 보도록 합니다.

  3) 아이들이 생각한 것을 자유롭게 그리도록 한 후 친구들과 자신이 그린 그림을 이야기하며 하나님께서 물을 주셔서 그러한 것들을 할 수 있다는 것을 감사하는 시간을 갖습니다.

3. 한지에 여러 가지 색깔 물들이기

- 활동목표 : 물을 가지고 활동하면서 하나님께서 물을 주신 것에 대해 감사드립니다.
- 준 비 물 : 물, 물감, 접시, 흰색의 한지
- 활동방법 : 1) 한지를 가지고 무엇을 할 수 있을지 생각해 보도록 합니다.

  2) 접시에 물감을 탄 물을 준비하여 아이들에게 한지를 마음대로 접게 한 후 한지에 물을 들여 보도록 합니다.

  3) 물을 들인 한지에 아이들의 이름을 쓰고 한지로 유치부 예배실 벽면을 꾸밀 수 있도록 합니다.

➡ 간식   어린이들의 영양을 고려한 간식을 준비합니다.

☑ 대그룹 활동

1. 하나님께서 주신 세상 아름답게 가꾸어요

- 활동목표 : 하나님께서 주신 물을 깨끗이 사용하는 것이 우리 생명을 살리고, 하나님께서 기뻐하시는 일임을 압니다.
- 준 비 물 : 말굽자석을 이용한 낚싯대, 바다 동물 그림, 깡통, 휴지 등의 쓰레기 그림
- 활동방법 : 1) 물을 더럽히지 않는 방법에 대해 이야기 나눕니다.
  2) 아이들을 두 팀으로 나눕니다.
  3) 물을 더럽히고 물속에 있어서는 안 될 물건이 무엇인지 물속을 살펴본 후 낚아서 가져옵니다.
  4) 어느 편이 가장 많이 낚아 왔는지 봅니다.
  5) 물을 주신 하나님께 감사드리고, 물을 깨끗이 사용하기로 다짐합니다.

☑ 마음에 새겨요 회상하기 질문을 통해 오늘 배운 말씀을 삶 속에서 적용할 수 있도록 도움 받을 수 있습니다.

- 하나님께서 주신 물은 어떤 일을 하나요?
- 이제 일주일 동안 물을 보며 어떤 마음을 가져야 할까요?
- 물을 주신 하나님께서 나에게 무엇이라고 말씀하시나요?

☑ 기　　도 하나님, 우리에게 물을 만들어 주셔서 너무 감사해요. 물을 마실 때마다 하나님께서 우리를 사랑하심을 알게 해 주세요. 이번 한 주도 우리를 지켜 주실 것을 믿어요. 예수님 이름으로 기도합니다. 아멘.

☑ 광　　고 가정용 교재로 오늘 배운 성경 이야기를 집에서 복습하도록 광고해 주십시오.

☑ 마침인사 샬롬 노래를 부르며 집으로 돌아갑니다.

하나님, 씨앗과 식물을 주셔서 감사해요

성 경	창세기 1장 11 – 13절
암 송	태초에 하나님이 천지를 창조하시니라(창세기 1 : 1)
포인트	하나님, 우리가 사는 세상을 아름답게 만드는 여러 종류의 식물과 꽃과 나무를 주셔서 감사합니다.

▣ 이 과의 목표

믿음의 성숙 (교사와 어린이)

• 우리 주변에 있는 아름다운 꽃과 나무들을 보고 감탄합니다.

• 직접 씨앗을 뿌리고 가꾸어 봅니다.

• 우리에게 여러 종류의 식물과 아름다운 꽃과 나무를 주신 하나님을 찬양합니다.

성경에 대한 이해 (어린이)

• 여러 종류의 식물들과 아름다운 꽃과 나무를 창조하신 분은 누구이신지 이야기해 봅니다.

• 하나님께서 창조하신 꽃과 나무, 풀들의 이름을 이야기해 봅니다.

• 하나님께서 만드신 식물을 우리가 어떻게 돌보아야 하는지 이야기해 봅니다.

믿음의 본보기 (교사)

여러 종류의 식물과 아름다운 꽃과 나무를 창조하신 하나님께 감사드리는 선생님의 마음을 표현하세요.

▣ 한눈에 보는 오늘의 예배

순 서	소요시간	활동계획
유치부에 왔어요	예배 전	반가워요 · 마음 열기
예배드려요	35 – 40분	찬양 · 기도 성경 봉독 · 성경 이야기
우리 반에 모여요	15 – 20분	출석 확인 · 이야기나누기 소그룹 놀이 활동(플랩북 만들기 외 3 중 택일)
다함께 모여요	10분	대그룹 놀이 활동(수수께끼 놀이 외 1 중 택일) 마음에 새겨요 · 광고 · 마침 인사

* 위의 순서는 각 교회학교의 사정에 따라 다르게 진행될 수 있습니다.

◙ 이 과를 준비하는 선생님들께

창조의 세 번째 날, 하나님께서는 바다와 육지를 만드신 후 씨 가진 식물들과 나무들로 땅을 채우셨습니다. 이후 성경 곳곳에는 여러 가지 종류의 식물들이 언급되어 있습니다. "오이와 수박과 부추와 파와 마늘"(민 11 : 5), "떨기나무"(욥 30 : 4), "백합"(아 5 : 13, 6 : 2, 마 6 : 28), "겨자씨"(마 13 : 31), "박하와 회향과 근채"(마 23 : 23) 등 성경에는 온갖 식물 이름들이 나옵니다. 물론 이 이름이 지금의 식물들과 같은 것인지 확실하지는 않습니다. 성경이 기록된 시기에는 식물에 대한 분류가 정확하지 않았고, 또 번역 과정에서 혼동이 생기기도 하기 때문에 성경에 나온 식물들을 이해하기는 쉽지 않습니다.

물과 마찬가지로 식물은 이 땅에서 동물과 사람이 삶을 유지하도록 하는 필수 요소입니다. 식물은 우리가 육체적으로 삶을 유지하는 데에도 필수적이지만, 어떤 경우 우리의 마음을 영적인 세계로 향하도록 합니다.

성경 속에서 우리는 다음과 같은 사실들을 발견할 수 있습니다. 먼저 나무에 열매가 열리는 것을 창조물에 대한 하나님의 세심한 배려로 해석하는 것을 성경 곳곳에서 찾을 수 있습니다. "네가 땅에 뿌린 종자에 주께서 비를 주사 땅 소산의 곡식으로 살찌고 풍성케 하실 것이며 그 날에 너의 가축이 광활한 목장에서 먹을 것이요"(사 30 : 23).

또한 식물들과 함께하시고 필요한 것을 채우시는 하나님의 모습은 피조물의 영적인 삶을 채우시는 하나님을 이해하는 모델이 됩니다. "비와 눈이 하늘에서 내려서는 다시 그리로 가지 않고 토지를 적시어서 싹이 나게 하며 열매가 맺게 하여 파종하는 자에게 종자를 주며 먹는 자에게 양식을 줌과 같이 내 입에서 나가는 말도 헛되이 내게로 돌아오지 아니하고 나의 뜻을 이루며 나의 명하여 보낸 일에 형통하리라"(사 55 : 10-11).

예수님은 "내가 진실로 진실로 너희에게 이르노니 한 알의 밀이 땅에 떨어져 죽지 아니하면 한 알 그대로 있고 죽으면 많은 열매를 맺느니라"(요 12 : 24)는 말씀에서 깊은 영적인 진리를 표현하기 위해 식물의 삶을 예로 드셨습니다. 복음을 전하는 중에도 예수님은 영적인 삶의 본질을 설명하기 위해 씨앗이나 식물을 예로 드셨습니다. 예를 들어 씨 뿌리는 사람의 비유에서 씨는 하나님의 말씀입니다. 그리고 사도 바울도 기독교인의 삶에서 나타나는 성령의 열매에 관해 이야기했습니다.

어린이들은 눈에 보이는 씨앗과 영적인 삶에 대한 상징적인 의미로서의 씨앗의 관계를 잘 이해하지 못할 것입니다. 그러나 이번 학기동안 어린이들은 자연계의 신비에 대해 더욱 깊이 이해하고, 하나님의 선물에 대해 경외심을 가지고 감사하는 것을 배우게 될 것입니다. 이번 학기 동안 아이들은 이 세상에 있는 수많은 식물들에 대해 기뻐하면서 하나님께 감사하고 찬양할 수 있게 될 것입니다. 작은 들꽃들과 커다란 삼나무, 작고 딱딱한 완두콩과 향기롭지만 순하고 여린 백합이 모두 각양각색의 식물들로 가득 찬 자연계에 대한 하나님의 기쁨을 드러냅니다.

어린이들은 눈에 보이는 씨앗과 영적인 삶에 대한 상징적인 의미로서의 씨앗의 관계를 잘 이해하지 못할 것입니다. 그러나 이번 학기동안 아이들은 자연계의 신비에 대해 더욱 깊이 이해하고, 하나님의 선물에 대해 경외심을 가지고 감사하는 것을 배우게 될 것입니다. 뿐만 아니라 이 세상에 있는 수많은 식물들에 대해 기뻐하면서 하나님께 감사하고 찬양할 수 있게 될 것입니다. 작은 들꽃들과 커다란 삼나무, 작고 딱딱한 완두콩과 향기롭지만 순하고 여린 백합이 모두 각양각색의 식물들로 가득 찬 자연계에 대한 하나님의 기쁨을 드러냅니다.

유치부에 왔어요

➡️ **반가워요**   누구든 특별히 환영받는다는 느낌이 들게 하십시오. 봄꽃과 아이들의 옷 색깔과 비교하여 "○○
는 개나리 같구나"라고 말하면서 반갑게 맞이합니다.

➡️ **마음 열기**   잘 볼 수 있는 그릇에 씨앗을 담아 놓고 그릇 한 면에 그 씨앗이 자라서 피우게 될 꽃의 사진을
붙여 놓습니다. 꽃병에 꽃을 꽂아 계절을 느끼게 합니다.

예배 드려요

➡️ **찬　　양**   복음을 심었습니다
나무 아저씨처럼
포도밭에 포도가
내 마음에 사랑이

➡️ **기　　도**   멋진 세상을 만드신 하나님! 우리를 위해 많은 씨앗과 식물과 꽃을 주셔서 감사합니다. 아름다운
세상에서 사랑하며 지내겠어요. 오늘 우리들이 드리는 예배를 기쁘게 받아 주세요. 예수님 이름
으로 기도합니다. 아멘.

➡️ **성경봉독**   이것은 성경(두 손을 모읍니다.)　　　　　　　　활짝 펴요.(책을 펴듯이 펼칩니다.)
창세기 1장 11-13절 말씀.　　하나님께서 말씀하시기를 "땅은 식물, 곧 씨를 맺는 식물과 씨가 든
열매를 맺는 나무를 그 종류대로 땅 위에 내라" 하시니 그대로 됐습니다. 땅이 식물을 그 종류대
로, 씨가 든 열매를 맺는 나무를 그 종류대로 냈습니다. 하나님께서 보시기에 좋았습니다. 저녁
이 되고 아침이 되니 셋째 날이었습니다.

➡️ **들어가기**   아이들에게 지난주에 하나님의 창조 세계에 대해 무슨 이야기를 했는지 기억나는 대로 이야기해
보게 합니다. 이때 조금씩 힌트를 줍니다("이것은 옷을 젖게 해요.", "이것은 우리를 깨끗하게 해 줘
요.", "더울 때 시원하게도 해 주죠." 등). 아이들이 물이라고 대답하면 지난 한 주 동안 물을 사용해
서 했던 일이 무엇인지 물어 봅니다.
그러고 나서 '창조' 이야기를 위해, 바닥에 색 테이프로 표시해 놓은 동그라미 안에 모두 들어가
앉습니다. 하나님께서 아무것도 없는 데서 말씀만으로 세상 전체를 만들었다는 사실을 다시 상

기시킵니다. 동그랗게 자른 밤색 우드락을 모든 아이들이 볼 수 있도록 비스듬히 단 위에 놓습니다. 미리 준비한 모래나 흙 상자와 작은 접시에 든 물을 놓습니다. 그리고 아이들에게 하나님께서 우리에게 주신 또 다른 선물에 대해 이야기할 것이라고 말합니다.

성경을 펼쳐 창조 이야기가 어디에 나오는지 아이들에게 보여 주고(창세기 1장), 이야기를 들을 준비를 시킵니다.

☐ 성경 이야기

(아이들에게 동그란 밤색 우드락을 보여 주며 흙을 연상시킨다.) 하나님께서는 땅, 모래와 바위, 흙을 만드셨어요. 말씀으로 하나님께서는 물과 육지를 가르셨어요. 이제 물 옆에 갈색의 건조한 땅이 놓여 있었어요(물을 연상시키는 파란색 종이를 우드락의 한쪽에 붙인다). 건조한 땅과 물이 따로 따로 있었어요. 이것은 하나님께서 보시기에 좋았어요.

하나님께서 보시니 땅은 건조하고 메마르고 텅 비어 있었어요. 하나님께서는 가만히 생각하셨어요. 갈색의 텅 빈 땅을 채울 많은 것들을 생각하셨지요(뒤로 기대앉아 잠시 생각하는 듯 가만히 있는다. 거기에서 무엇이 자라나는 것을 상상하는 듯 우드락 위에 손에 올려놓는다). 하나님께서는 "땅은 풀과 씨 맺는 채소와 각기 종류대로 씨 가진 열매 맺는 과목을 내라."고 말씀하셨어요. 어떻게 되었을까요?

그래요! 땅은 식물들을 내었어요. 사과나무 · 포도나무 · 야자수 같은 과일나무와 옥수수 · 호박 · 당근 같은 식물도 있고, 감자 · 고구마 · 파 · 배추 · 오이 같은 채소도 있었어요.

그게 다일까요? 아니에요. 하나님께서는 우리가 먹을 수 있는 것 외에도 우리가 보고 냄새 맡을 수 있는 꽃들도 만들어 주셨어요. 장미, 튜울립, 국화, 코스모스, 아카시아 같은 우리의 마음을 기쁘고 행복하게 해 주는 꽃들을 만드셨어요. 또 우리가 어버이날에 드리면 엄마 아빠가 행복해 하시는 꽃도 만드셨어요. 무엇일까요? 맞아요. 카네이션이에요. 꽃은 사람들을 행복하게 만들어요.

또 있어요. 무엇이 있을까요? 나무예요. 전나무, 소나무, 포플러 나무, 벚나무……. 나무는 우리에게 시원한 그늘을 만들어 주어요. 그리고 나무는 우리가 정말 많은 것을 만들 수 있게 도와주어요. 자, 이 예배실 안에서 나무로 만든 것을 찾아보세요. 의자, 강단, 사물함, 신발장, 탁자……. 와! 우리 친구들이 정말 잘 찾았어요.

이제 식물에 대해 생각해 볼까요? 모든 식물들은 씨앗을 맺어요. 각 씨앗은 땅 속에 들어가서 조그만 싹으로 자라요. 그리고 따뜻한 햇볕과 물을 먹고 자라게 돼요. 사과 씨는 무슨 나무가 될까요? 그래요, 사과나무! 민들레 씨는 무슨 식물로 자랄까요? 그래요, 민들레가 되어요. 모든 씨앗은 같은 종류의 식물로 자라나요(각 종류의 식물 이름을 말하며, 나무와 식물 모양으로 자른 종이를 하나씩 밤색 우드락에 꽂아 가며 자연스럽게 보이도록 배치한다. 시간이 허락되면 식물의 이름을 말하며 재미있게 설명해 준다. 창조주가 각각의 피조물에게 준 색깔과 모양을 아이들이 충분히 감상할 수 있도록 천천히 한다). 그리고 하나님께서는 당신이 만든 모든 것을 보시고 보시기에 좋았어요! (전체 상자 위를 축복하듯 손을 펼친다.)

하나님께서는 아무것도 없는 텅 빈 땅에 과일, 꽃, 나무 등 많은 식물을 만드셨어요. 이것들 모두 우리가 살아가는 데 꼭 필요한 것들이에요. 하나님께서 선물로 주셨답니다. 우리 함께 씨앗과 식물을 주신 하나님께 감사드려요.

우리 반에 모여요

▶ 출석 확인   어린이들이 자신의 출석표에 표시하도록 시간을 주십시오.
(꽃 모양 스티커를 나눠 주는 것도 좋은 방법입니다.)

▶ 이야기 나누기   하나님의 말씀을 다시 한 번 생각하며 이해하도록 돕는 질문들입니다. 이 질문들을 어린이들과 나누면서 어린이들 스스로 말씀을 생각하고 느끼게 합니다.

- 오늘 어떤 꽃들을 봤는지 이야기해 줄 수 있나요?
- 내가 아는 꽃 이름을 말해 볼까요?
- 내가 제일 좋아하는 꽃은 무엇인가요? 그 꽃의 색깔을 말해 보세요.
- 우리 몸이 자라듯이 씨가 자라서 어떻게 큰 나무가 될까요?
- 하나님께서는 꽃, 나무 등을 보시고 보시기에 좋다고 하셨어요. 내가 보기에 좋은 것은 어떤 것인가요?
- 하나님께서 만든 동산은 어땠을까요?
- 하나님께서는 왜 여러 꽃들을 각기 다른 모양으로 만드셨을까요?
- 하나님께서 태초에 창조하신 과일나무는 어떤 종류였을까요?
- 하나님께서는 어떻게 씨앗을 생각하셨을까요?

▶ 소그룹 활동

1. 하나님께서 만드신 씨앗과 식물(플랩북 만들기)
- ■ 활동목표 : 하나님께서 우리를 위해 씨앗과 식물을 만드셨음을 압니다.
- ■ 준 비 물 : 교회학교용 교재 27쪽, 스티커, 색연필
- ■ 활동방법

    1) 교회학교용 교재 27쪽 플랩을 떼고 접는 선을 따라 접어 둡니다.

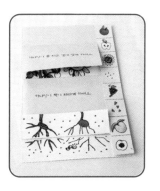

2) 그림을 색칠한 뒤 풀칠 부분을 맞붙이고 책을 만듭니다.

3) 플랩을 열어 보며 씨앗과 식물의 성장 과정에 따른 변화를 느껴 봅니다.

씨앗과 식물은 누가 만드셨나요?

씨앗과 식물은 어떻게 자라나요?

하나님은 왜 씨앗과 식물을 만들었나요?

씨앗과 식물이 없다면 어떻게 될까요?

 하나님, 씨앗과 식물을 주셔서 감사해요!

2. 잔디 씨 또는 무 씨 싹 내기

- 활동목표 : 씨앗을 틔워 키우는 활동을 통해 온 세상의 식물을 부족함 없이 키워 주시는 하나님께 감사드립니다.

- 준 비 물 : 잔디 씨나 무 씨, 투명 컵, 약솜, 물, 스티커, 네임펜

- 활동방법 : 1) 투명 컵의 겉면을 아이들이 나름대로 재미있게 꾸미게 합니다.

2) 투명 컵 속에 물에 적신 약솜을 깝니다.

3) 씨앗을 아이들에게 나누어 주고 약솜 위에 적당히 뿌리게 합니다.

4) 씨앗을 뿌린 날짜와 씨앗의 이름, 아이의 이름을 스티커에 기입한 후 컵의 겉면에 붙입니다.

5) 아이들이 잔디 씨앗에 관심을 갖고 어떻게 돌볼 것인지 서로 이야기해 보게 합니다.

6) 씨앗에 대해 설명합니다.

"이 씨앗은 아주 작지만 이것에서 뿌리가 나고, 줄기가 나고, 꽃이 핀답니다.

이 작은 씨는 살아 있어요. 비록 보이지 않지만 땅 속에서 물과 양분, 햇빛을 먹으면서 예쁜 꽃이 되기 위해 열심히 자신의 일을 하고 있어요. 이 씨앗은 자라서 사람들에게 꽃과 기쁨을 선물하고, 나비와 벌들에게 꿀을 선물해 주기도 해요.

우리도 비록 씨앗처럼 작고 약하게 보이지만 우리는 하나님의 일꾼으로 자라기 위한 많은 것들을 가지고 있답니다. 또한 씨앗처럼 작고 약하게

보이지만 우리 속에는 부모님의 사랑과 하나님의 따뜻한 사랑이 있어요. 그 사랑으로 우리는 무럭무럭 자라는 거예요. 작은 씨앗과 우리를 무럭무럭 자라게 하시는 하나님께 감사드려요."

7) 정리 기도로 활동을 마무리합니다. 이때 돌아가면서 "○○을 주셔서 감사합니다."라고 자신이 좋아하는 식물의 이름을 넣어서 기도하게 합니다.

3. 과일 자르고 맛보기

- 활동목표 : 과일의 씨앗과 열매를 살펴보며 작은 씨앗이 자라 열매가 되게 하신 하나님께 감사드립니다.
- 준 비 물 : 제철과일(씨), 플라스틱 칼, 쟁반, 접시
- 활동방법 : 1) 미리 과일의 씨를 준비하여 그 씨가 어떤 과일의 씨앗인지 말해 보게 합니다.

2) 과일을 잘라서 과일 속에 있는 씨와 비교해 봅니다.

3) 다 자른 후에 아이들과 함께 과일의 맛을 느끼며 맛있게 먹습니다.

4) 작은 씨앗이 하나님의 사랑으로 잘 자라 우리에게 달콤한 맛을 선물하는 과일이 되었음을 설명해 주고, 하나님께 감사드리게 합니다.

4. 식물과 이야기 나누기

선생님, 잠깐만요!

어린이들이 과일을 직접 잘라보도록 할 경우에는 안전사고를 방지하기 위해 반드시 플라스틱 칼을 쓰도록 하고, 어린이들이 자르기에 적당한 두께로 과일을 잘라서 줍니다.

- 활동목표 : 식물과 이야기를 나누며 아이들이 하나님의 뜻에 따라 좀더 식물을 사랑하고 보호하려는 책임감을 갖도록 돕습니다.
- 활동방법 : 1) 아이들이 집이나 유치원 등에 있는 식물(꽃, 나무, 풀 등) 중 하나를 정하여 일주일 동안 식물과 이야기를 나누어 보라고 권합니다.

2) 나는 식물에게 뭐라고 말했는지, 식물은 나에게 뭐라고 대답했는지 일기로 적게 하거나 그림으로 그리게 합니다.

3) 다음 주일에 대화 내용을 정리한 것을 교회에 가지고 와서 아이들이 식물과 대화한 내용을 서로 나누도록 합니다.

▶ 간식

어린이들의 영양을 고려한 간식을 준비합니다.

시중에서 판매되는 씨앗 스낵(해바라기 씨나 호박 씨 등으로 만들어진 스낵)을 준비하거나 열매가 달린 화분(방울토마토)을 가져와 아이들이 직접 열매를 따 먹는 경험을 하도록 합니다.

 다함께 모여요

➡ 대그룹 활동

1. 무엇일까요?(수수께끼 놀이)
- 활동목표 : 수수께끼를 통해 식물의 특징을 알고 언어로 정리할 수 있게 합니다.
- 준 비 물 : 봄에 관련된 것들의 사진이나 씨앗·나비·꽃 등의 그림 준비
- 활동방법 : 1) 아이들을 모이게 한 후 "나는 무엇일까요?"라는 질문과 함께 수수께끼를 냅니다.

   예) "나는 아주 조그맣고 딱딱합니다. 나는 땅 속에서 양분과 물을 먹고 삽니다. 봄이 오면 세상으로 나옵니다. 나는 누구일까요?"(씨앗)

   2) 아이들이 답을 맞히면 그 그림을 보여 줍니다.
   3) 답을 맞힌 아이는 앞에 나와 선생님이 제시하는 다른 그림을 보며 친구들에게 수수께끼를 냅니다.
   4) 이 모든 식물을 창조하신 분이 하나님이시라는 사실을 강조하며, 아이들이 하나님께 감사와 찬양을 드리게 합니다.

2. 무슨 꽃이 될까?
- 활동목표 : 게임을 통해 씨앗이 꽃으로 자라는 과정과 물의 역할에 대해 익힙니다.
- 준 비 물 : 화분, 씨, 잎 달린 블록(여러 개), 꽃 달린 블록, 물뿌리개
- 활동방법 : 1) 아이들을 2팀으로 나누어서 각 팀 모두 나란히 섭니다.

2) 각 팀마다 화분, 씨, 꽃잎이 달린 블록, 꽃의 순서로 나란히 섭니다.

3) 각 팀마다 물 주는 사람을 정하고, 목표 지점에 물뿌리개를 들고 서 있게 합니다.

4) 출발 신호와 함께 각 팀의 맨 앞사람이 달려가서 화분을 놓고 오면 그 다음 사람은 씨앗을 화분 위에 올려놓습니다.

5) 그 다음 사람은 씨앗 위에 잎이 달린 블록을 올려놓고, 물을 주는 사람은 물뿌리개로 물을 주는 흉내를 냅니다.

6) 릴레이 형식으로 진행하여 차례로 잎이 달린 블록을 쌓으면 물 주는 사람은 블록을 쌓을 때마다 물을 주는 흉내를 냅니다.

7) 각 팀의 마지막 사람은 꽃 블록을 쌓습니다.

➡ **마음에 새겨요** 회상하기 질문을 통해 어린이들은 오늘 배운 성경 말씀을 삶 속에서 적용할 수 있도록 도움 받을 수 있답니다.

- 하나님께서 어떤 식물들을 만드셨는지 기억나나요?
- 내가 좋아하는 식물은 어떤 것인가요?
- 이제 일주일 동안 식물들을 보며 어떤 마음을 가져야 할까요?
- 식물을 만드신 하나님께서 나에게 무엇을 말씀하시나요?

➡ **기　　도** 하나님, 식물들을 보며 하나님의 마음을 생각하게 해 주세요. 너무나 멋진 식물들을 만드신 하나님, 감사드려요. 이번 한 주도 우리를 지켜 주실 것을 믿어요. 예수님 이름으로 기도합니다. 아멘.

➡ **광　　고** 가정용 교재로 오늘 배운 성경 이야기를 집에서 복습하도록 광고해 주십시오.

➡ **마침인사** 샬롬 노래를 부르며 집으로 돌아갑니다.

샬롬 샬롬 선생님 샬롬 샬롬 친구들
다음 주에 다시 만나 예배드리자
샬롬 샬롬 샬-롬

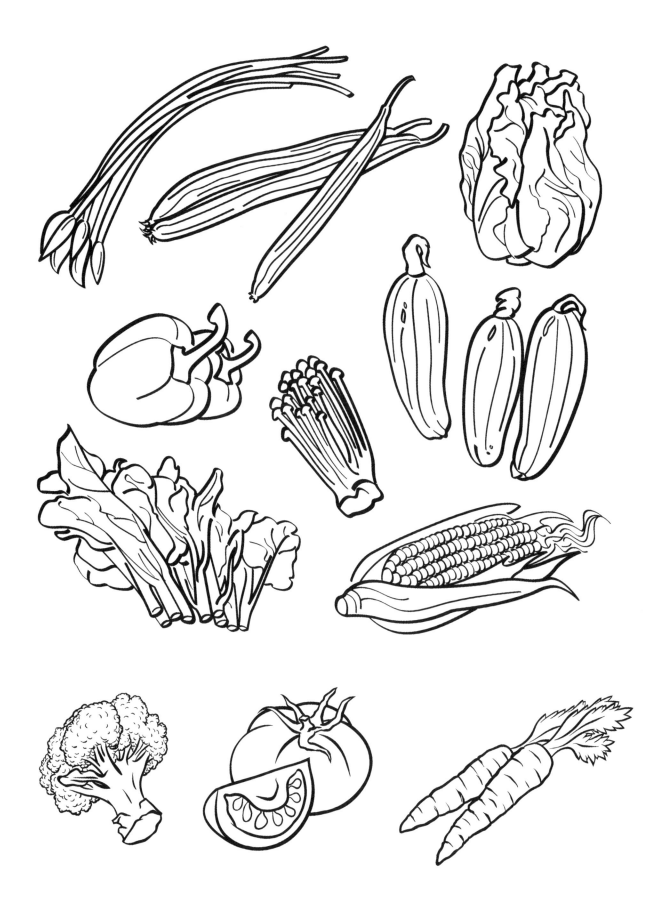

4 하나님, 음식을 주셔서 감사해요

성 경	창세기 1장 29절, 9장 3절
암 송	태초에 하나님이 천지를 창조하시니라(창세기 1 : 1)
포인트	하나님, 우리에게 음식을 주셔서 감사합니다.

▣ 이 과의 목표

믿음의 성숙 (교사와 어린이)

• 하나님께서 우리가 매일 먹는 음식을 주셨다는 것을 깨닫습니다.

• 하나님께서 우리에게 주신 여러 가지 음식들에 대해 감사드립니다.

• 우리에게 음식을 주신 하나님을 찬양합니다.

성경에 대한 이해 (어린이)

• 누가 우리에게 음식을 주셨는지 이야기할 수 있습니다.

• 하나님께서 우리에게 주신 맛있는 음식의 이름을 이야기해 봅니다.

• 하나님께서 우리에게 주신 음식을 대하는 올바른 태도에 대해 생각해 봅니다.

믿음의 본보기 (교사)

하나님의 선물인 음식을 소중하게 대하는 선생님의 모습을 보여 주세요.

▣ 한눈에 보는 오늘의 예배

순 서	소요시간	활동계획
유치부에 왔어요	예배 전	반가워요 · 마음 열기
예배드려요	35 – 40분	찬양 · 기도 성경 봉독 · 성경 이야기
우리 반에 모여요	15 – 20분	출석 확인 · 이야기나누기 소그룹 놀이 활동(음식 돌림판 만들기 외 1 중 택일)
다함께 모여요	10분	대그룹 놀이 활동(동물과 먹이 연결하기 외 1 중 택일) 마음에 새겨요 · 광고 · 마침 인사

* 위의 순서는 각 교회학교의 사정에 따라 다르게 진행될 수 있습니다.

▣ 이 과를 준비하는 선생님들께

이번 과는 하나님의 또 다른 선물인 음식에 초점이 맞추어져 있습니다. 오늘 본문의 말씀에서 하나님께서 오직 두 명의 인간, 즉 남자와 여자에게 이 선물을 주셨다는 것에 주목하기 원합니다. 모두에게 음식이 필요했지만 하나님께서는 남자와 여자에게 음식의 축복을 주셨습니다. 여기에서 우리는 음식을 먹는 것이 태초부터 언제나 공동체의 의미를 띄고 있었다는 것을 알 수 있습니다.

인간은 함께 식사를 합니다. 세계 어느 곳, 어느 문화에서나 음식은 특별하면서도 아주 중요한 위치를 차지하고 있습니다. 사람들은 대화하면서 함께 시간을 보내기 위해 식사 시간에 모입니다. 생일이나 기념일, 명절이나 특별한 종교행사 때 우리는 보통 함께 모여 특별한 식사를 나눕니다. 함께 먹는 풍습은 음식의 의미를 그저 생물학적 삶의 원천이나 재충전의 요소를 뛰어넘게 합니다. 우리는 함께 식사하며 우리 영혼과 다른 사람과의 관계를 살찌웁니다. 이번 시간에 우리는 그러한 차원에 대해 알게 될 것입니다.

어린이들은 음식이 어디에서 준비되어 식탁 위에 오르게 되는지 잘 모를 것입니다. 어린이들은 "부모님이 슈퍼마켓에서 먹을거리를 사오는 걸요."라고 그저 간단하게 대답할 것입니다. 시골에 살거나 집에서 채소를 키우는 아이는 오이나 상추같이 땅에서 곧장 식탁으로 올라오는 음식도 있다는 것을 알 수 있을 것입니다. 그러나 이번 시간에 어린이들이 배울 것은 땅에서 캔 음식이든 슈퍼마켓에서 사 온 음식이든 모든 음식은 궁극적으로 사랑하는 하나님께서 주신 것이라는 사실을 깨닫는 것입니다.

하나님께서는 우리에게 음식을 주십니다. 우리가 음식으로 먹는 채소는 하나님의 창조로 인해 생겨났습니다. 성경에서는 "하나님이 가라사대 내가 온 지면의 씨 맺는 모든 채소와 씨 가진 열매 맺는 모든 나무를 너희에게 주노니 너희 식물이 되리라"(창 1 : 29)고 말씀하십니다. 그리고 "무릇 산 동물은 너희의 식물이 될지라 채소같이 내가 이것을 다 너희에게 주노라"(창 9 : 3)는 말씀에서 볼 수 있듯 노아의 홍수 이후 사람들은 고기를 음식으로 받았습니다.

창조주이신 하나님을 찬양하는 것은 우리에게 일용할 양식을 주시는 하나님을 찬양하는 것입니다. "중생의 눈이 주를 앙망하오니 주는 때를 따라 저희에게 식물을 주시며 손을 펴사 모든 생물의 소원을 만족케 하시나이다"(시 145 : 15 - 16).

예수님을 믿는 가정의 어린이들은 하나님께서 우리에게 일용할 음식을 주신다는 것을 알고 또 믿기 때문에 식사 때마다 감사 기도를 드립니다. 어린이들은 "하나님, 우리에게 음식을 주셔서 감사합니다. 아멘." 같은 간단하면서 깊은 진실이 담겨 있는 기도를 드립니다.

음식은 가족을 모이게 합니다. 그리고 더욱 중요한 사실은 음식은 서로 나누어야만 한다는 것입니다. 우리는 배고픈 사람과 음식을 나누어야 합니다. 유아부와 유치부 아이들이 지구촌의 기아 문제를 이해할 수는 없을 것입니다. 그러나 서로 나누어야 한다는 것이나 우리를 성장시키고 즐겁게 하는 음식을 주신 하나님께 대한 기쁨은 알 수 있습니다.

오늘 어린이들과 작은 잔치의 시간을 가지면 어떨까

> 음식은 가족을 모이게 합니다. 그리고 더욱 중요한 사실은 음식은 서로 나누어야만 한다는 것입니다. 우리는 배고픈 사람과 음식을 나누어야 합니다. 유아부와 유치부 아이들이 지구촌의 기아 문제를 이해할 수는 없을 것입니다. 그러나 서로 나누어야 한다는 것이나 우리를 성장시키고 즐겁게 하는 음식을 주신 하나님께 대한 기쁨은 알 수 있습니다.

요? 오늘 간식 시간은 잔치 분위기로 만들어 보세요. 함께 어울려 즐겁게 먹고 마시면서 좋으신 하나님을 마음 깊이 느낄 수 있을 것입니다. 어린이들과 먹고 마시면서 "훗날 우리 모두 하나님의 식탁에 둘러앉게 해 주십시오."라고 기도할 수 있습니다. 오늘 즐겁게 음식을 나누면서 "어린양의 혼인잔치에 청함을 입은 자들이 복이 있도다"(요계 19 : 9)라고 말씀하신 것처럼 어느 날 예수님이 우리 모두를 부르실 것이라는 사실을 어린이들에게 일깨우는 시간이 되기 원합니다.

유치부에 왔어요

➡ **반가워요** 웃는 얼굴로 아이들에게 반갑게 인사하며 "아침에 무엇을 먹었니?" 또는 "어제 저녁에 무엇을 먹었니?"라고 물어 봄으로써 아이들이 자연스럽게 음식에 대해 생각하고 배울 준비를 하게 합니다.

➡ **마음 열기** 음식과 관련된 동화책을 비치해 두어 아이들이 읽게 합니다. 또 가능하면 아이들이 음식을 만들어 상을 차릴 수 있도록 소꿉놀이 도구나 밀가루 반죽을 준비하고, 손님 대접하는 역할 놀이를 하도록 유도합니다.

예배 드려요

➡ **찬　양** 포도밭에 포도가
아삭아삭 새콤달콤

➡ **기　도** 멋진 세상을 만드신 하나님! 우리를 위해 맛있는 음식을 주셔서 감사합니다. 음식을 먹을 때마다 좋은 음식을 주신 하나님께 감사드리겠어요. 오늘 우리들이 드리는 예배를 기쁘게 받아 주세요. 예수님 이름으로 기도합니다. 아멘.

➡ **성경봉독** 이것은 성경(두 손을 모읍니다.)　　　　활짝 펴요.(책을 펴듯이 펼칩니다.)
창세기 1장 29절 말씀.　하나님께서 말씀하시기를 "내가 땅 위의 씨 맺는 온갖 식물과 씨가 든 열매를 맺는 온갖 나무를 너희에게 주었으니 이것들이 너희의 먹을 양식이 될 것이다.
창세기 9장 3절 말씀.　살아 있어 움직이는 모든 것들이 너희의 양식이 될 것이다. 푸른 채소와 같이 이 모든 것을 너희에게 주었다.

➡ 들어가기

당근, 감자, 양파, 빵 등 여러 음식이 담긴 가방을 가지고 나옵니다. 이것들을 하나하나 아이들에게 보여 주면서 무엇인지, 어떤 음식에 들어가는지 아는 것이 있느냐고 아이들에게 물어 보십시오. 창세기 1장을 보여 주며 오늘은 음식에 대해, 하나님께서 우리들이 잘 살아갈 수 있도록 어떻게 음식을 만드셨는지에 대해 더 많이 배울 것이라고 일러 줍니다.

☼ 성경 이야기

아담과 하와는 우리와 똑같은 사람이에요. 아담과 하와는 아침에 일어나면 배가 고팠어요. 하나님께서 만드신 동산에서 한참 놀다가 점심때가 되면 또 배가 고팠어요. 저녁시간에도 마찬가지였어요. 하나님은 아담과 하와에게 먹을 것이 필요하다는 것을 아셨어요. 하나님께서 아담과 하와를 위해 어떤 종류의 음식을 만드셨을까요? 배고픈 그들에게 빈 바구니를 주며 알아서 먹으라고 하면 도움이 되었을까요? 아니에요. 아담과 하와가 사는 그곳에는 식당도, 슈퍼마켓도 없었어요. 그래서 하나님께서는 아담과 하와가 먹고 싶어 할 것 같은 모든 것을 생각하셨지요(잠시 멈춰 생각하는 시늉을 한다).

그리고 하나님께서 세상에 만드신 모든 식물 중에서 아담과 하와가 먹을 만한 정말 많은 것들을 발견했어요(가방에 손을 집어넣어 사과를 꺼낸다). 하나님께서는 사과나무의 열매가 달고 맛이 있다는 것을 아셨어요. 하나님께서는 사과가 아담과 하와가 먹기에 좋다고 생각하셨어요(아이들에게 사과를 보여 준 후 바구니 안에 넣는다. 그리고 가방에서 바나나를 꺼낸다). 하나님께서는 바나나가 말랑말랑하고 달콤해서 아담과 하와가 먹기에 좋다는 것을 아셨지요. 그런데 말랑말랑한 바나나가 상하지 않으려면 어떻게 하셔야 했을까요?(아이들이 자유롭게 이야기하면 그 대답들을 잘 들어준 뒤) 그래요. 하나님께서는 노란색의 두꺼운 껍질을 만드셔서 바나나가 상하지 않도록 하셨어요(바나나를 아이들에게 보여 주고 바구니에 넣는다. 그리고 가방에서 당근을 꺼낸다). 하나님께서는 땅속 깊은 곳에서 자라는 당근의 긴 주황색 뿌리를 생각하셨어요. 하나님께서는 당근이 아담과 하와의 몸을 튼튼하게 도와준다는 것을 아셨어요. 우리 친구들은 당근을 좋아하나요? 이것 말고도 우리의 몸을 튼튼하도록 만들어 주는 음식들은 무엇이 있을까요?

(계속해서 옥수수, 감자, 고구마, 배, 딸기, 오렌지, 무 등 여러 음식을 이런 식으로 소개한다. 각각의 맛과 모양도 설명해 주며 바구니를 가득 채운다.) 어머나, 이것 보세요. 친구들과 이야기를 나누다 보니 바구니가 가득 찼어요. 와, 굉장히 많죠? 이 음식들 모두가 우리의 몸을 튼튼하게 해 주고 우리가 움직일 수 있도록 힘을 주는 것들이에요.

하나님께서는 아담과 하와, 그리고 우리들이 먹을 수 있도록 딱 알맞게 만드셨어요. 하나님께서는 우리 친구들을 너무나 사랑하셔서 좋은 음식들을 아주 많이 만드셨어요. 너무나 감사해요. 하나님께서 말씀하셨어요. "내가 온 지면에 씨 맺는 모든 채소와 씨 가진 열매 맺는 모든 나무를 너희에게 주노니 너희 식물이 되리라."

우리 모두 우리에게 먹을 수 있는 음식을 주신 하나님께 감사드려요.

우리 반에 모여요

➡ **출석 확인** 어린이들이 자신의 출석표에 표시하도록 시간을 주십시오.

(과일 그림이 있는 스티커를 나눠 주는 것도 좋은 방법입니다.)

➡ **이야기 나누기** 하나님의 말씀을 다시 한 번 생각하며 이해하도록 돕는 질문들입니다. 이 질문들을 어린이들과 나누면서 어린이들 스스로 말씀을 생각하고 느끼게 합니다.

- 오늘 아침 일어났을 때 배가 고팠나요?(여러분의 배는 친구들에게 무엇이라고 했나요?)
- 어떻게 하니까 배고픈 것이 사라졌나요?
- 오늘 아침에 무엇을 먹었나요?
- 우리가 배고플 때 먹는 맛있고 건강에 좋은 음식을 누가 창조하셨나요?
- 우리 친구들이 생일날 먹고 싶은 음식에는 무엇이 있나요?
- 엄마가 만들어 주신 음식 중 제일 맛있는 것은 무엇이었나요?
- 집에서 엄마를 도와 음식을 만들어 본 적이 있나요?

➡ **소그룹 활동**

1. **하나님께서 주신 식탁(돌림판 만들기)**

- ■ 활동목표 : 하나님께서 우리를 위해 다양한 음식을 주셨음을 알고 감사드립니다.
- ■ 준 비 물 : 교회학교용 교재 10쪽, 29쪽, 할핀, 클립, 스티커
- ■ 활동방법 : 1) 교회학교용 교재 10쪽의 식탁 그림에 29쪽 돌림판 그림을 할핀으로 고정하고 클립을 이용하여 돌림판을 만듭니다.
  2) 클립을 튕겨서 나온 재료로 만들 수 있는 음식을 찾아봅니다.
  3) 알맞은 음식 스티커를 식탁에 붙이며 외칩니다. "하나님, 음식을 주셔서 감사해요."

 하나님, 음식을 주셔서 감사해요!

2. 하나님, 음식을 주셔서 감사해요!

- ■ 활동목표 : 자신이 좋아하는 음식이 무엇인지 그리며 음식을 주신 하나님께 감사드립니다.
- ■ 준 비 물 : 하얀 종이접시, 크레파스, 여러 가지 색의 싸인펜
- ■ 활동방법 : 1) 아이들과 좋아하는 음식에 대해 이야기를 나눈 후 먹고 싶은 음식이나
          좋아하는 과일, 채소 등을 종이접시에 그리도록 합니다.
      2) 아이들이 자신이 그린 과일이나 음식, 채소 등의 맛에 대해 말로 표현하도록
          합니다.
      3) 음식을 주신 하나님께 감사기도문을 쓰거나 글씨를 쓰지 못하는 아이들은
          "하나님 ○○(그림 그린 것)을 주셔서 감사합니다."라고 각자 좋아하는
          음식을 넣어서 말해 봅니다.

➡ 간식   어린이들의 영양을 고려한 간식을 준비합니다.
           간식을 먹으면서 다시 한 번 우리에게 음식을 주신 하나님에 대해 감사한 마음을 갖도록 합니다.
           아이들과 손을 잡고 이 세상과 좋은 음식을 주신 하나님께 감사하는 마무리 기도를 하도록 합니다.

 다함께 모여요

➡️ 대그룹 활동

1. 누가 좋아할까요?

- 활동목표 : 동물들과 동물들이 즐겨 먹는 먹이를 연결하면서 하나님께서 사람뿐만 아니라 다른 동물들에게도 먹이를 허락하셨음을 압니다.
- 준 비 물 : 먹이가 그려진 카드(도토리, 당근, 바나나와 그 밖의 다른 식물들), 동물 얼굴이 그려진 상자(다람쥐, 토끼, 원숭이)
- 활동방법 : 1) 상자에 각기 동물 얼굴을 그려 목표 지점에 놓습니다.

  2) 4 – 5명이 출발하여 각기 자기가 좋아하는 동물이 먹는 먹이가 그려진 카드를 집어 상자 속에 넣어 줍니다.

  3) 활동이 끝나면 각 동물의 입 속에 어떤 먹이가 들어 있는지 알아봅니다.

  4) 교사는 아이들에게 사람뿐만 아니라 동물에게도 먹이를 주셨으며, 식물들도 나름대로 성장을 위한 과정(햇빛, 물, 공기 등)을 허락해 주셨음을 설명해 줍니다.

2. 주의 자비가 내려와

- 활동목표 : 게임을 통해 음식을 먹을 수 있음을 즐거워하고, 음식을 주신 하나님께 감사드립니다.
- 준 비 물 : 긴 끈, 빨래집게, 과자나 사탕 등
- 활동방법 : 1) 빨래집게에 줄을 연결하여 긴 끈에 매답니다.

  2) 교사가 먹을거리가 달린 끈을 잡고 있습니다.

  3) "주의 자비가 내려와 내려와" 찬양에 맞추어 먹을거리 끈을 위아래로 이동시킵니다.

  4) 아이들은 끈이 내려올 때, 줄에 달린 먹을거리를 입으로 따서 먹습니다.

  5) 교사는 먹을거리가 없는 곳에 적절히 먹을거리를 보충합니다.

➡️ **마음에 새겨요**　회상하기 질문을 통해 어린이들은 오늘 배운 성경 말씀을 삶 속에서 적용할 수 있도록 도움 받을 수 있답니다.

- 하나님께서는 우리에게 어떤 음식들을 주셨나요?
- 내가 좋아하는 음식은 어떤 것인가요?
- 일주일 동안 음식을 먹을 때 어떤 마음을 가져야 할까요?
- 음식을 만드신 하나님께서 나에게 무엇이라고 말씀하시나요?

➡️ **기　　도**　하나님, 음식을 먹을 때마다 우리를 사랑하여 음식을 주신 하나님의 마음을 생각하게 해 주세요. 너무나 맛있는 음식들을 주신 하나님, 감사드려요. 이번 한 주도 우리를 지켜 주실 것을 믿어요. 예수님 이름으로 기도합니다. 아멘.

➡️ **광　　고**　가정용 교재로 오늘 배운 성경 이야기를 집에서 복습하도록 광고해 주십시오.

➡️ **마침인사**　샬롬 노래를 부르며 집으로 돌아갑니다.

샬롬 샬롬 선생님 샬롬 샬롬 친구들
다음 주에 다시 만나 예배드리자
샬롬 샬롬 샬-롬

5 하나님, 동물을 주셔서 감사해요

성 경	창세기 1장 20-25절, 시편 8편
암 송	하나님이 지으신 그 모든 것을 보시니 보시기에 심히 좋았더라(창세기 1 : 31)
포인트	하나님, 우리에게 동물을 주셔서 감사합니다.

▣ 이 과의 목표

믿음의 성숙 (교사와 어린이)

• 멋진 동물을 창조하신 하나님께 감사드립니다.

• 하나님께서 우리에게 여러 가지 다양한 동물을 주신 것을 기뻐합니다.

• 하나님께서 주신 동물들을 돌보기 원합니다.

성경에 대한 이해 (어린이)

• 동물을 창조하신 분이 누구인지 말할 수 있습니다.

• 하나님께서 얼마나 다양한 동물들을 창조하셨는지 이야기해 봅니다.

• 하나님께서 우리에게 주신 동물들을 어떻게 하면 잘 돌볼 수 있는지 이야기해 봅니다.

믿음의 본보기 (교사)

동물들을 창조하신 하나님께 감사드리는 선생님의 마음을 표현하세요.

▣ 한눈에 보는 오늘의 예배

순 서	소요시간	활동계획
유치부에 왔어요	예배 전	반가워요 · 마음 열기
예배드려요	35-40분	찬양 · 기도 성경 봉독 · 성경 이야기
우리 반에 모여요	15-20분	출석 확인 · 이야기나누기 소그룹 놀이 활동(빙고 게임 외 1 중 택일)
다함께 모여요	10분	대그룹 놀이 활동(고양이와 생쥐 게임 외 1 중 택일) 마음에 새겨요 · 광고 · 마침 인사

* 위의 순서는 각 교회학교의 사정에 따라 다르게 진행될 수 있습니다.

▣ 이 과를 준비하는 선생님들께

창조의 다섯째 날과 여섯째 날 하나님께서는 동물들을 창조하셨습니다. 다섯째 날에는 하늘과 바다에 사는 동물인 새와 물고기를, 여섯째 날에는 땅에 사는 피조물인 육축과 땅을 기어 다니는 동물, 들짐승들을 창조하셨습니다. 이날 하나님께서는 남자와 여자도 창조하셨습니다.

성경은 분명 동물들보다는 사람에게 많은 관심을 보입니다. 그럼에도 인간이 동물들과 같은 날 창조되었다는 것은 주목할 만한 사실입니다. 그것은 우리가 동물들과 특별한 관계에 있고, 그 사실을 부인할 수도 없고, 부인해서도 안 된다는 사실을 보여 주는 것 같습니다.

성경을 보면 하나님께서는 동물들에게 관심을 가지셨음을 알 수 있습니다. 요나서의 잘 알려진 이야기를 생각해 봅니다. 커다란 물고기 뱃속에서 사흘을 지낸 후 요나는 이스라엘의 원수인 니느웨를 하나님께서 벌 주실 것이라고 설교합니다. 백성들은 회개했고, 하나님께서는 용서하기로 결정하십니다. 요나가 하나님의 결정을 억지로, 분노 속에 마지못해 전달했을 때 하나님께서는 예언자인 요나와 마음을 열고 대화하기로 하십니다. 요나서의 마지막에서 하나님께서 그 큰 성읍을 불쌍히 여기셨다는 말씀이 나옵니다. 하나님께서는 특히 아이들("좌우를 분변치 못하는 자" – 욘 4 : 11)과 동물("육축도 많이 있나니" – 욘 4 : 11)에 대해 관심을 보이셨습니다.

동물들을 관찰하면 하나님의 지혜에 대해 많은 것을 배우게 될 것이라는 구절도 성경에 많이 나옵니다. 동

하나님께서는 동물들에 관심을 보이셨습니다. 노아의 방주를 통해 동물들을 살리셨고, 니느웨를 심판하려 하실 때 특별히 동물들을 걱정하셨고, 성경 여러 곳에 나와 있는 것처럼 동물들이 잘 지낼 수 있도록 먹이를 허락하십니다. 우리는 하나님의 그런 관심을 본받아야 합니다. 인간과 동물이 같은 날 창조되었듯 오늘날도 우리는 동물과 같은 세상에 살아야 합니다. 창조 때나 지금이나 우리에게는 하나님의 피조물들을 보호할 책임이 있습니다.

물 세계의 다양성과 독특함, 제각각의 습관, 아름다움, 복잡함을 연구할 때 그 모든 것을 만드신 하나님의 지혜가 얼마나 깊은지 놀랄 수밖에 없다는 것입니다. 예를 들어 하나님께서 욥에게 하신 말씀(욥기 39장)에도 이것은 잘 나타나 있습니다.

하나님께서는 우리가 동물들에게 관심을 갖고 책임감을 느끼기 원하십니다. 여자와 남자를 창조하려고 준비하면서 하나님께서는 인간을 창조주의 형상으로 만들되 "그로 바다의 고기와 공중의 새와 육축과 온 땅과 땅에 기는 모든 것을 다스리게 하자"(창 1 : 26)고 하십니다.

지난 주 살펴본 식물과 마찬가지로 동물의 창조는 하나님께서 얼마나 위대하신지 증거하고 있다는 사실을 우리는 알아야 합니다. 하나님께서 창조하신 동물의 세계는 놀랍도록 복잡하고, 대단히 웅대하며, 잘 디자인되어 있습니다. 우리가 그것에 대해 알아갈수록 더욱 더 놀랄 수밖에 없습니다. 이 창조물들을 볼 때에 우리의 마음은 자연히 그것들을 만드시고 다스리시는 우리의 위대한 왕을 향하게 됩니다. 이 땅에 주신 피조물로 인해 우리는 하나님을 계속해서 찬양하게 됩니다!

우리가 사는 세상은 동물들을 여러 가지로 이용합니다. 예를 들어 동물들은 인간에게 음식이 되기도 합니다. 우리는 생선과 닭고기, 쇠고기, 돼지고기를 먹습니다. 달걀과 치즈를 먹고 우유도 마시지요. 하나님께서 세상과 그 안에 있는 모든 것을 창조하실 때는 인간과 동물에게 식물을 먹을거리로 주셨습니다. 남자와 여자에게 "씨 가진 열매 맺는 모든 나무"(창 1 : 29)와 음식

으로 쓰일 "모든 푸른 풀"(창 1 : 30)을 주셨습니다. 그리고 "땅의 모든 짐승과 공중의 모든 새와 생명이 있어 땅에 기는 모든 것에게는 내가 모든 푸른 풀을 식물로 주노라"(창 1 : 30)고 말씀하셨습니다. 그리고 노아의 홍수 이후에야 하나님께서는 동물도 인간의 음식으로 주십니다. "무릇 산 동물은 너희의 식물이 될지라 채소 같이 내가 이것을 다 너희에게 주노라"(창 9 : 3).

우리는 동물을 또 다른 방법으로도 이용합니다. 물론 문화마다 차이는 있지만, 많은 곳에서 소를 이용해 농사를 짓습니다. 메노나이트교회에 속하는 보수적인 기독교 교파 중 하나인 아미시(주로 미국의 펜실베니아 주와 오하이오 주에 집단 거주하고 있음 – 편집자 주)의 경우, 지금도 농사에 말을 이용합니다. 장애인에게 도움을 주기 위해 개를 훈련시키기도 합니다. 또한 많은 사람들이 동물을 애완용으로 기르기도 합니다.

집에서 기르는 애완동물이든 시골에서 농사하는 동물이든, 책이나 텔레비전을 통해 알았든 간에 어린아이와 동물의 관계는 책임감과 사랑, 돌봄을 통해 형성되기 시작합니다. 동물원은 아이들이 하나님께서 만드신 동물의 세계의 방대함을 알게 합니다. 또 서커스를 보면 인간이 동물과 특별히 교류할 수 있음을 알 수 있습니다.

아이들은 성장하면서 우리가 사는 세상 속의 동물에 대해 점점 더 많은 것을 배우게 될 것입니다. 멸종 위기에 있는 동물이나 잔인하게 동물을 포획하는 사람들이나 동물의 권리를 주장하는 사람들에 대해서도 알게 될 것입니다.

우리는 동물을 경멸해서는 안 되지만 동물을 인간이나 그 이상의 수준으로 여겨도 안 된다는 것을 알아야 합니다. 하나님께서는 우리에게 동물을 다스리는 사명을 주셨습니다. 동물의 세계와 우리의 관계는 "하나님께서 창조하신 모든 세계와 우리"라는 관점에서 이해되어야 합니다. 우리가 동물을 포함해 하나님께서 창조한 세계를 돌본다는 것은 죄 많은 세상에 예수님의 사랑을 보여 주는 것을 의미합니다.

하나님께서는 동물들에 관심을 보이셨습니다. 노아의 방주를 통해 동물들을 살리셨고, 니느웨를 심판하려 하실 때 특별히 동물들을 걱정하셨고, 성경 여러 곳에 나와 있는 것처럼 동물들이 잘 지낼 수 있도록 먹이를 허락하십니다. 우리는 하나님의 그런 관심을 본받아야 합니다. 인간과 동물이 같은 날 창조되었듯 오늘날도 우리는 동물과 같은 세상에 살아야 합니다. 창조 때나 지금이나 우리에게는 하나님의 피조물들을 보호할 책임이 있습니다.

 유치부에 왔어요

➡ **반가워요**　왼손으로 코를 쥐고 오른팔을 왼팔 안쪽으로 내밀어 코끼리 코 모양을 만들어 악수하면서 인사합니다.

➡ **마음 열기**　창조 탁자에 아이들이 동물과 관련된 것을 가지고 와서 전시하고 함께 살펴보게 합니다. 만약 창조 탁자를 만드는 것이 교회 사정상 여의치 않다면 동물 인형들을 준비하여 '동물 기르기' 놀이를 하게 하거나 순서대로 점을 잇고 색칠하여 동물 그림을 완성해 보게 합니다. 동물과 관련 있는 책을 비치해서 아이들이 읽게 해도 좋습니다.

 예배 드려요

➡ **찬　　양**　내가 만약 나비라면
금붕어는 물 속에서 사는 것이 감사해
윙윙윙

➡ **기　　도**　멋진 세상을 만드신 하나님! 우리에게 동물을 주셔서 감사합니다. 아름다운 세상에서 서로서로 사랑하며 지내겠어요. 오늘 우리들이 드리는 예배를 기쁘게 받아 주세요. 예수님 이름으로 기도합니다. 아멘.

➡ **성경봉독**　이것은 성경(두 손을 모읍니다.)　　　　　　활짝 펴요.(책을 펴듯이 펼칩니다.)
창세기 1장 20-25절 말씀.　하나님께서 말씀하시기를 "물에는 생물 떼가 번성하고 새들은 땅 위 하늘에서 날아다니라" 하셨습니다. 하나님께서 큰 바다 생물들과 물에서 번성하는 온갖 생물들을 그 종류대로, 온갖 날개 달린 새들을 그 종류대로 창조하셨습니다. 하나님께서 보시기에 좋았습니다. 하나님께서 그들에게 복을 주시며 말씀하시기를 "새끼를 많이 낳고 번성해 바닷물에 가득 채우라. 새들은 땅에서 번성하라" 하셨습니다. 저녁이 되고 아침이 되니 다섯째 날이었습니다. 하나님께서 말씀하시기를 "땅은 생물을 그 종류대로, 곧 가축과 땅 위에 기는 것과 들짐승을 그 종류대로 내라" 하시니 그대로 됐습니다. 하나님께서 들짐승을 그 종류대로, 가축을 그 종류대로, 땅에 기는 모든 것을, 그 종류대로 만드셨습니다. 하나님께서 보시기에 좋았습니다.

➡ **들어가기**　살아 있는 물고기가 든 어항, 병아리가 든 바구니, 젖소 그림과 우유를 상자에 담아 보자기를 덮어 가지고 나옵니다. 아이들에게 지시문을 잘 들어보고 어떤 동물들인지 알아맞혀 보도록 합니다.

1. 물 속에서 살아요, 수영을 아주 잘해요.

2. "삐악삐악" 소리가 들리나요? 엄마가 되면 계란을 낳아요.

3. 나한테는 여러분이 마시는 우유가 나와요. "음매음매" 하고 여러분에게 인사할 수 있어요.

아이들이 답을 알아맞히면 상자에서 꺼내어 확인합니다.

오늘 이야기는 하나님이 물고기, 새, 그리고 동물들을 어떻게 만드셨는지에 대한 것임을 알려 줍니다.

☼ 성경 이야기

태초에 하나님께서 세상을 창조하셨어요. 하늘과 땅과 물을 만드셨어요. 해와 달과 별, 그리고 나무와 식물들을 만드셨어요. 하나님께서는 세상을 만드시고 "정말 좋구나!" 말씀하셨어요. 하나님의 세상은 살기에 아름다운 곳이었어요. 하나님께서는 그곳을 생명으로 가득 채우기로 하셨어요.

우선 하나님께서는 물에 대해 생각하셨어요. 물은 시원하고 깨끗했어요. 하나님께서는 물에 살 수 있는 피조물들을 디자인하셨어요. 수영을 하는 동물, 물에서 은빛으로 빛나는 동물, 다양한 색깔과 크기와 모양의 동물들을요……. 그래서 만드신 것이 무엇일까요? 그래요. 하나님께서는 물고기를 만드셨어요. 하나님께서 말씀하시자 물고기는 모든 강과 호수와 바다에 나타나 헤엄치기 시작했어요. 물에는 상어, 고래, 오징어, 고등어, 돌고래 등 수많은 종류의 동물들과 멸치와 금붕어 같은 작은 물고기도 살게 되었어요.

그 다음에는 하늘을 바라보셨어요. 하늘은 따뜻하고 바람이 있고, 햇빛과 구름으로 가득 찬 곳이었어요. 하나님께서는 어떤 동물들이 하늘에서 살 수 있을까 생각해 보셨어요. 그리고 하나님께서는 부드러운 깃털과 멀리까지 볼 수 있는 눈과 뾰족한 부리를 가지고 날 수 있는 동물들을 생각해 내셨어요. 하나님께서 무엇을 만드셨을까요? 그래요, 하나님께서는 새들을 만드셨어요. 하나님께서 말씀하시자 새들이 나타나 하늘을 날기 시작했고, 나뭇가지 위에 집을 지었어요. 독수리, 비둘기, 부엉이, 두루미, 참새들과 수많은 새들이 하늘을 날게 되었어요.

하나님께서는 물고기와 새들을 보시고 정말 좋아하셨어요.

이젠 땅이 남았어요. 땅은 따스했고 보송보송했어요. 풀은 부드러웠고 나뭇잎들은 씹기에 적당했어요. 하나님께서는 땅에는 어떤 동물들이 살 수 있을까 생각하셨어요. 눈이 좋은 동물, 코에 수염이 난 동물, 뿔이 있는 동물들, 튼튼하거나 뾰족한 이와 꼬리가 있는 동물들을 생각해 내셨어요. 그래요, 하나님께서는 땅 위에 사는 동물들을 만드셨어요. 하나님께서 말씀하시자 땅의 동물들이 나타나 뛰기도 하고 기어 다니기도 했어요. 코끼리, 얼룩말, 사자, 코뿔소, 치타, 기린 같은 야생 동물들은 정글에 살게 되었고요. 호랑이, 곰, 너구리, 여우, 늑대 같은 동물들은 산과 숲에 살게 되었어요. 펭귄, 북극곰, 물개, 바다사자 같은 동물들은 아주 추운 곳에 살게 되었어요. 정말 종류가 많죠? 우리가 이름을 아는 동물들보다 훨씬 더 많은 동물들을 하나님께서 만드셨어요.

하나님께서 만드신 모든 동물들을 보시니 보시기에 참 좋았어요.

하나님께서 만드신 세상은 아주 아름다워요. 하나님께서는 우리를 위해 동물들을 만드셨어요.

우리에게 동물을 만들어주신 하나님, 참 감사합니다.

○ 참고자료: 여러 동물들을 통해 보는 하나님의 놀라운 섭리

다음에 제시하는 참고 자료를 통해 여러 동물의 특징과 이를 만드신 하나님의 완전하신 지혜와 섭리에 대해 감사하고 찬양하는 시간을 갖는다면 더 좋은 성경 이야기 시간이 될 것입니다.

1. 온순한 거인 코끼리

코끼리는 이상하고 놀라운 것들을 많이 가지고 있어요. 신기한 것 중의 하나는 코예요. 코끼리의 코는 아주 길어요. 그리고 코끼리는 코를 손가락처럼 움직여요. 코끼리는 코를 사용해서 땅콩을 집어 올릴 수도 있대요. 여러분들은 코로 땅콩을 집을 수 있나요? 또 그 코는 아주

힘이 세요. 긴 코로 나무를 감아서 들어 올릴 수도 있어요. 진짜 힘이 세죠! 코끼리는 코로 다른 것도 할 수 있어요. 뭘까요? 알아맞혀 보세요. 코끼리는 코에다 물을 가득 채워서 자기 등 위에 뿌릴 수도 있어요. 샤워를 하는 거예요.

코끼리는 똑똑하기도 해요. 사람을 등에 태우고 다니는 것을 배우기도 해요. 코끼리 등에 타 본 적이 있나요? 코끼리는 온순하고 마음이 따뜻해요. 코끼리 중 한 마리가 다치면 다른 코끼리들이 나뭇잎과 나무 열매들을 가져다주어요. 아픈 코끼리가 다 나을 때까지 서로 돌보아 준대요. 이렇게 착하고 온순한 코끼리를 만드신 하나님을 찬양해요.

2. 작지만 강한 스컹크

스컹크는 작아요. 스컹크는 빨리 달릴 수도 없고 힘도 약해요. 뭐라고요? 다른 동물들이 쫓아와서 쉽게 잡으면 어떻게 하냐고요? 걱정하지 마세요. 스컹크는 비밀 무기를 가지고 있으니까요. 정말 강한 비밀 무기예요.

스컹크는 몸속에 두 개의 주머니를

가지고 있어요. 그 주머니에는 아주 고약한 냄새가 나는 물이 들어 있어요. 스컹크는 화가 나거나 두려우면 고약한 냄새가 나는 물을 적게 뿌려요. 다른 동물들의 눈과 털과 코에 이 냄새나는 물을 뿌리면 다 도망가 버려요. 그리고 그 냄새를 씻어내기 위해 무척 노력해야 해요.

하나님께서는 이 작은 스컹크에게 대단한 비밀 무기를 주셔서 자신을 보호하도록 만드셨어요. 그래서 스컹크는 다른 어떤 동물도 두려워하지 않아도 돼요. 이렇게 멋진 스컹크를 만들어 주신 하나님을 찬양해요.

3. 날치

하나님께서 물고기를 물에서 헤엄치도록 만드셨어요. 물고기는 땅의 동물처럼 걷거나 새처럼 날지는 않지요. 그러나 이 날치만은 예외예요. 이 물고기는 날개 달린 비행기 모형처럼 생겼어요. 날치도 보통 때는 다른 물고기처럼 수영을 하며 물속에서 지내요. 그러나 가끔 큰 고기가 잡으려고 쫓아오면 하나님께서 주신 비상한 재주를 부리기 시작해요. 날치는 빠른 속력으로 물 위를 향해 헤엄을 쳐요. 그리고 수면을 따라 미끄러지듯 헤엄을 치다가 꼬리로 수면을 차고 올라가요. 그러면 그 날치는 거의 1분 동안을 하늘에서 날 수가 있어요. 다시 물 위로 내려와서 꼬리로 수면을 다시 치고 올라가서 공중에서 날아다닌대요. 굉장하죠!

훌륭한 하나님의 상상력이 날 수 있는 물고기, 날치를 만드셨어요. 날치를 만드신 하나님께 감사해요.

4. 뿔도마뱀

뿔도마뱀(horned lizard)은 마른 모래가 가득한 사막에서 살아요. 뿔도마뱀은 뜨거운 낮에만 벌레를 잡고 밤에는 모래 속에 숨어 있어요. 야생 동물들이 밤에 사냥을 하러 나오면 이 뿔도마뱀을 찾을 수가 없게 말이지요.

여러분이 만약 이 작은 뿔도마뱀을 잡으려고 하면 어떻게 되는지 아나요? 물론 처음에는 잡히지 않으려고 도망가겠죠? 그러나 우리 친구들 손에 잡히면 이상한 일이 일어나요. 하나님께서는 이 뿔도마뱀에게 자신을 보호할 특별한 방법을 주셔서, 사람들이나 다른 동물들을 두렵고 놀라게 만들도록 하셨어요. 이 뿔도마뱀은 여러분에게 잡히면 양쪽 눈 끝에서 피를 뿌린답니다. 피를 뿌린 도마뱀이나 피를 맞은 여러분은 둘 다 다치지는 않아요. 다만 놀랄 뿐이죠. 우리 친구들은 놀라서 도마뱀을 떨어뜨릴 거예요. 하나님께서는 이 작은 뿔도마뱀이 자신을 보호하며 살아가도록 특별하게 만들어 주셨어요. 뿔도마뱀을 만드신 하나님을 찬양해요.

5. 멋쟁이 펭귄

펭귄은 검정 연미복과 흰 셔츠를 입은 것처럼 보여요. 펭귄은 재미있고 친숙한 새예요. 펭귄은 날 수는 없지만 대신 수영을 잘해요. 대부분의 펭귄들은 얼음과 눈이 가득 덮인 추운 남극에 살아요. 펭귄들은 얼음 위를 뒤뚱뒤뚱 걸어 다녀요. 그리고 때때로 얼음 위에 배를 대고 썰매처럼 미끄럼을 타요. 정말 재미있겠죠?

거의 모든 새들은 알을 낳을 둥지를 지어요. 그러나 어떤 펭귄들은 얼음과 눈 덮인 곳에 둥지를 만들지 않아요. 엄마 펭귄이 알을 낳으면 아빠 펭귄이 알을 발 위에 올려놓아요. 알이 얼음 위에서 얼어버리지 않도록 발 위에 올려놓는 거예요. 알이 너무 차가워지면 새끼 펭귄이 태어날 수가 없거든요. 아빠 펭귄은 두 달(60일) 내내 계속 앉아서 자기 발 위에 올려놓은 알을 깃털로 덮고 있어요. 그동안 아빠 펭귄은 먹지도 않아요. 아무리 추운 바람이 불어도 거의 움직이지 않아요. 아기 펭귄이 태어나면 엄마가 돌보기 시작해요. 그제야 아빠 펭귄은 먹을 수가 있어요.

펭귄은 노는 것을 좋아해요. 수영하는 것도 좋아해요. 펭귄은 하나님께서 만드신 재미있고 신기한 새예요. 펭귄을 만드신 하나님께 감사드려요.

6. 세상에서 키가 제일 큰 기린

여러분은 살아 있는 진짜 기린을 본 적이 있나요? 기린은 아주 먼 아프리카에 살아요. 그렇지만 요즘은 기린을 동물원에서도 볼 수 있어요. 기린이 지구에서 가장 키가 큰 동물인 것은 여러분들도 알고 있죠? 기린은 아주 가늘고 긴 다리를 가지고 있어요. 그리고 기린은 정말정말 아주 긴 목을 가지고 있어요. 긴 다리와 긴 목이 기린을 다른 동물보다 훨씬 크게 만들어 주어요.

하나님께서는 놀라운 계획을 가지고 기린을 크게 만드셨어요. 기린은 주위의 모든 것을 잘 볼 수 있어요. 그래서 사자와 표범 같은 적들을 잘 찾을 수 있어요. 기린은 나무들 틈에 잘 숨을 수도 있어요. 아주 조용해서 가만히 서 있으면 마치 나무 같기 때문에 사자와 표범이 찾을 수가 없대요. 그러나 가끔 적들이 너무 가까이 오면 기린은 아주 빨리 뛰어서 도망을 가요. 싸워야 할 때는 날카로운 발굽으로 차기도 하고 강한 목으로 밀어내기도 해요. 굉장하죠?

그러나 키가 크다는 것이 다 좋은 것만은 아니에요. 기린은 몸을 굽혀 물을 마시기가 어려워요. 무릎을 전혀 구부릴 수가 없거든요. 그래서 다리를 양쪽으로 벌려서 몸을 낮추어야만 물을 마실 수 있어요. 어렵겠지요? 여러분은 언젠가 동물원에서나 아프리카에서 진짜 기린을 볼 수 있을 거예요. 지구에서 키가 가장 큰 기린을 만드신 하나님께 감사해요.

우리 반에 모여요

▶ **출석 확인** 어린이들이 자신의 출석표에 표시하도록 시간을 주십시오.
(동물 스티커를 나눠 주는 것도 좋은 방법입니다.)

▶ **이야기 나누기** 하나님의 말씀을 다시 한 번 생각하며 이해하도록 돕는 질문들입니다. 이 질문들을 어린이들과 나누면서 어린이들 스스로 말씀을 생각하고 느끼게 합니다.

- 오늘 성경 이야기 속에 어떤 동물들이 나왔는지 이야기해 줄 수 있어요?
- 왜 하나님께서는 동물을 만들려고 생각하셨을까요?
- 동물들이 하나도 없었다면 세상이 어떠했을까요?
- 하나님께서는 어떻게 그렇게 많은 동물들을 창조할 생각을 하셨을까요?
- 동물을 만든 분이 여러분도 만드셨다는 사실을 아나요?

▶ **소그룹 활동**

1. 동물 속에 숨겨진 하나님의 지혜(빙고 게임)

- 활동목표 : 하나님께서는 우리를 위해 동물을 만드셨음을 압니다.
- 준 비 물 : 교회학교용 교재 12쪽
- 활동방법 : 1) 빙고판의 동물 그림과 카드의 그림을 연결하여 하나님의 지혜를 이야기해 봅니다. 독수리 – 비행기

　　　　　　　잠자리 – 헬리콥터
　　　　　　　오랑우탄 – 케이블카
　　　　　　　기린 – 사다리차
　　　　　　　코끼리 – 소방차
　　　　　　　팽귄 – 턱시도
　　　　　　　거북이 – 거북선
　　　　　　　고래 – 잠수함
　　　　　　　캥거루 – 아기포대기

2) 빙고 게임을 설명하고 규칙을 정합니다.

   (예, 한 줄 맞추기, 두 줄 맞추기 등)

3) 순서에 따라 빙고 판에 카드를 한 장 씩 올려 빙고가 되면 "하나님이 만드셨어요!"라고 외치며 게임을 끝냅니다.

   tip) 빙고 게임이 익숙해지면 빙고판을 오려 위치를 재배열하여 각자의 빙고판을 만들고 게임을 진행해도 좋습니다.

 하나님, 동물을 주셔서 감사해요!

2. 동물을 완성해 봐요

- 활동목표 : 하나님께서는 각 동물을 각각에 가장 알맞게 만드신 분이심을 알고 찬양합니다.
- 준 비 물 : 동물카드(몸체만 있는 것), 빨래집게
- 활동방법 : 1) 몸체만 있는 동물 카드를 보이며 어떤 동물일지 어린이들이 상상해 보도록 합니다.

   진행의 예) "이 그림은 어떤 동물의 몸일까요?", "이 동물의 몸에 꼭 필요한 것은 무엇일까요?", "이 동물의 발, 꼬리, 뿔은 어떻게 꾸며 볼 수 있을까요?"

     2) 어린이들이 각 동물 카드의 몸에 알맞게 빨래집게로 다리, 꼬리, 뿔 등을 붙이고 움직이며 이야기를 나눕니다.

   진행의 예) "만약 커다란 코끼리의 다리가 참새 다리처럼 가늘고 짧게 만들어졌다면 어땠을까요?", "강아지에 귀가 한 개, 코는 두 개, 입은 세 개가 달렸다면 어떤 일이 생길까요?", "각 동물에 꼭 알맞게 몸, 다리, 꼬리, 뿔 등을 생각하고 만드신 분은 누구일까요?"

3. 토끼 및 문어 만들기

■ 활동목표 : 하나님께서는 각 동물을 각각의 특성에 따라 독특하게 만드신 분이심을 알고, 각 동물의 독특함 속에서 하나님의 섬세하심을 발견하도록 돕습니다.

■ 준 비 물 : 종이컵, 어린이용 접착제, 가위, 폼폼, 인형 눈, 털실, 스팽글, 모루

■ 활동방법 : 1) 자료들을 보여 주며 무엇을 만들 수 있을지 생각해 보도록 합니다.

진행의 예) "이 컵을 가지고 어떤 것을 만들어 볼 수 있을까요?", "어떤 동물을 만들어 볼 수 있을까요?"

2) 종이컵을 이용해서 토끼와 문어를 만들어 볼 것이라고 이야기하며 어떻게 만들 수 있을지 생각해 보도록 합니다.

진행의 예) "종이컵으로 토끼를 어떻게 만들어 볼 수 있을까요? 또 종이컵으로 문어를 어떻게 만들어 볼 수 있을까요?"

(아이들이 재료를 가지고 어떻게 만들 수 있을지 생각해 보게 한 후, 교사가 만들어 온 것을 보여 주며 아이들이 자신의 독특한 생각을 가지고 창의적으로 꾸며 볼 수 있도록 격려합니다.)

3) 토끼와 문어를 만든 후 토끼는 어떤 특성을 가지고 있는지, 문어는 어떤 특성이 있는지 이야기를 나누며 이 동물들을 만드신 하나님을 찬양하도록 합니다.

▶ 간식　　　어린이들의 영양을 고려한 간식을 준비합니다.

 다함께 모여요

▶ 대그룹 활동

1. 고양이와 생쥐

■ 준 비 물 : 색 테이프, 호루라기

■ 활동방법 : 1) 예배실 크기를 고려하여 진행자는 예배실 바닥에 색 테이프로 출발선과 고양이 팀과 쥐 팀이 머무는 선을 만듭니다.

2) 고양이 팀과 생쥐 팀으로 나누어 일렬횡대로 서로 마주보게 합니다.

3) "생쥐가 나온다 생쥐가 나온다 구멍에서"라고 노래를 부르면 생쥐 팀들이 출발선에서 생쥐가 머무는 선까지 기어 나옵니다.

4) "고양이가 나온다 고양이가 나온다 부엌에서"라고 노래를 부르면 고양이 팀들이 출발선에서 고양이가 머무는 선까지 기어 나옵니다.

5) "생쥐가 먹는다 생쥐가 먹는다 고구마를" 노래를 부르면서 생쥐 팀들이 고구마를 먹는 흉내를 내면

6) "고양이가 본-다, 고양이가 본-다 생쥐를" 노래를 부르면서 고양이 팀들이 쥐를 쳐다봅니다.

7) 이때 진행자가 호루라기를 불며 신호를 하면 고양이는 쥐를 잡으러 갑니다. 이때 쥐가 자기 출반선 안에 도착했을 때 잡으면 무효입니다.

8) 생쥐가 몇 마리 잡혔는지 세어 본 후 자기 집으로 돌려보냅니다.

9) 잡으러 가는 어린이나 도망가는 어린이는 반드시 기어가야 합니다.

고양이가나온다 고양이가나온다 부엌에서
생-쥐가먹는다 생-쥐가먹는다 고구마를

머무는 선   출발선

2. 창조에 관한 시

어린이들이 전체적인 창조 이야기를 복습할 수 있도록 아래 제시된 시를 읽어 주어도 좋습니다. 시에 알맞은 동작이 있으므로 활용하기에 좋습니다. 계속 되풀이하면 어린이들은 동작과 쉬운 구절 몇 개씩은 외울 것입니다.

하나님께서 빛나는 해를 만드셨어요.	(팔로 큰 원을 만든다.)
어두운 밤을 위해서는 달과 별들을 만드셨지요.	(손위로 하고 반짝반짝 흔든다.)
높이 떠가는 구름도 만드셨어요.	(팔을 위로 올려 손을 흔든다.)
하나님께서 높이 솟은 나무들을 만드셨어요.	(우뚝 서서 위로 쭉쭉 팔을 뻗는다.)
조그만 씨앗과 예쁜 꽃들을,	(두 손을 꽃모양으로 만든다.)
똑똑 떨어지는 비와 부드러운 눈을 만드셨어요.	(손을 위에서 아래로 내린다.)
반짝이는 호수와 느리게 흐르는 강,	(팔을 옆으로 움직인다.)
물고기가 헤엄치는 바다를 만드셨어요.	(손으로 수영하는 시늉을 한다.)
하나님께서는 새들이 이 나무 저 나무로	(양쪽 팔을 퍼덕인다.)
날아다닐 수 있게 만드셨어요.	
엉금엉금 기는 털 달린 동물들,	(손가락으로 기는 시늉을 한다.)
뚱뚱하고 키가 큰 동물을	(팔을 앞으로 뻗었다 위로 올린다.)
하나님께서 모두모두 만드셨지요.	(손으로 반짝반짝하며 큰 원을 만든다.)

➡ **마음에 새겨요** 회상하기 질문을 통해 어린이들은 오늘 배운 성경 말씀을 삶 속에서 적용할 수 있도록 도움 받을 수 있답니다.

- 하나님께서 어떤 동물들을 만들었지요?
- 이제 일주일 동안 동물들을 보며 어떤 마음을 가져야 할까요?
- 하나님께서 만드신 동물 중 나는 어떤 것이 가장 좋은가요?
- 동물을 만드신 하나님께서 나에게는 무엇이라고 말씀하시나요?

➡ **기　　도** 하나님, 동물들을 보며 하나님의 마음을 생각하게 해 주세요. 너무나 멋진 동물들을 만드신 하나님, 감사드려요. 이번 한 주도 우리를 지켜 주실 것을 믿어요. 예수님 이름으로 기도합니다. 아멘.

➡ **광　　고** 가정용 교재로 오늘 배운 성경 이야기를 집에서 복습하도록 광고해 주십시오.

➡ **마침인사** 샬롬 노래를 부르며 집으로 돌아갑니다.

샬롬 샬롬 선생님 샬롬 샬롬 친구들
다음 주에 다시 만나 예배드리자
샬롬 샬롬 샬－롬

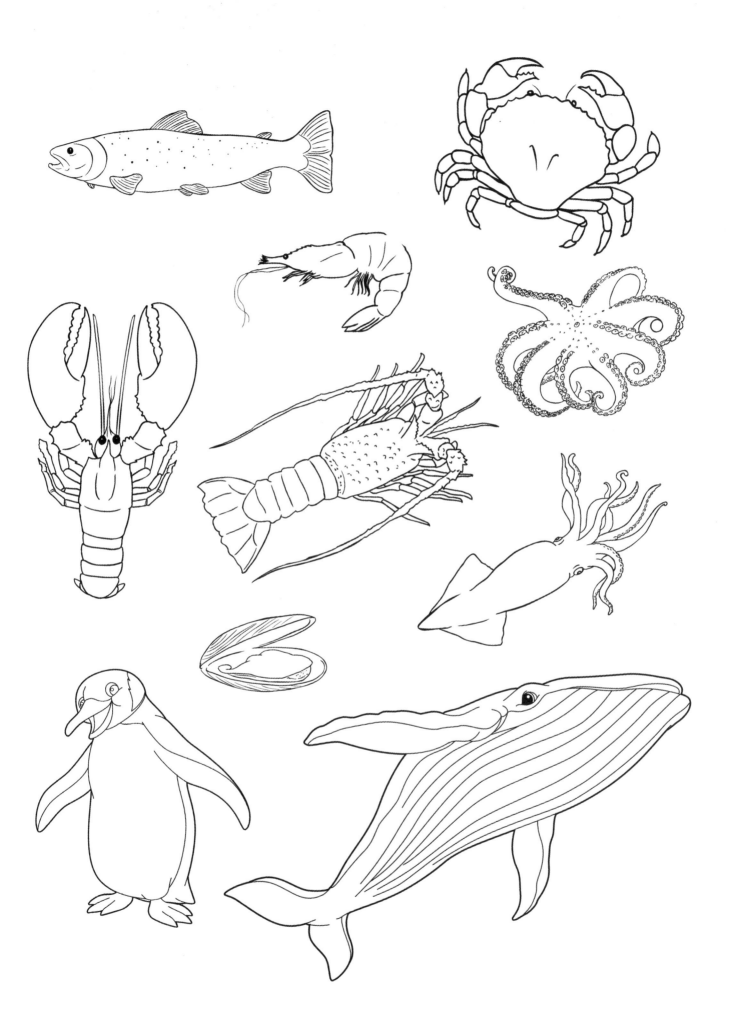

하나님, 곤충을 주셔서 감사해요

성 경	창세기 1장 24-25절, 잠언 6장 6절
암 송	하나님이 지으신 그 모든 것을 보시니 보시기에 심히 좋았더라(창세기 1 : 31)
포인트	하나님, 작은 피조물인 곤충들을 주셔서 감사합니다.

▣ 이 과의 목표

믿음의 성숙 (교사와 어린이)

- 하나님께서 만드신 작은 피조물들에 저마다 특별한 역할이 있다는 것에 감탄합니다.
- 작은 피조물을 만드신 하나님의 섬세한 손길에 경이로움을 느낍니다.
- 크고 작은 모든 것을 창조하신 하나님께 감사드립니다.

성경에 대한 이해 (어린이)

- 곤충을 창조하신 분이 누구인지 말할 수 있습니다.
- 하나님께서 만드신 작은 피조물들의 놀라운 점을 설명해 봅니다.
- 하나님께서 만드신 작은 피조물을 어떻게 대해야 하는지 이야기해 봅니다.

믿음의 본보기 (교사)

하나님의 창조의 한 부분으로서 곤충을 창조하신 것이 얼마나 멋진 일인지 선생님의 느낌을 표현하세요.

▣ 한눈에 보는 오늘의 예배

순 서	소요시간	활동계획
유치부에 왔어요	예배 전	반가워요 · 마음 열기
예배드려요	35-40분	찬양 · 기도 성경 봉독 · 성경 이야기
우리 반에 모여요	15-20분	출석 확인 · 이야기나누기 소그룹 놀이 활동(곤충 채집 상자 만들기 외 1 중 택일)
다함께 모여요	10분	대그룹 놀이 활동(교독으로 하나님께 감사하기 외 1 중 택일) 마음에 새겨요 · 광고 · 마침 인사

＊ 위의 순서는 각 교회학교의 사정에 따라 다르게 진행될 수 있습니다.

◎ 이 과를 준비하는 선생님들께

이번 과에서는 하나님께서 만드신 조그만 창조물에 대해 생각해 봅니다. 이번 과의 제목인 '곤충'은 곤충이나 척추 없이 기어가는 모두를 총칭하는 것으로 엄격한 생물학적 분류에 따른 것은 아닙니다. 성경에는 곤충에 관한 이야기가 별로 나와 있지 않지만, 그것은 실제 하나님의 창조에서 중요한 부분을 차지하는 것입니다. 우리는 자라면서 거미나 파리, 그리고 날거나 기는 작은 곤충들에 대해 배웁니다. 어린이들은 이 피조물들이 얼마나 신기한지 금방 알게 됩니다.

"왜 곤충이 존재해야 할까?"라고 스스로 물을 때가 많을 것입니다. 모기나 파리, 바퀴벌레나 기어 다니는 조그만 벌레들이 왜 필요할까요? 그러나 이 작은 피조물들은 사실 이 세계를 향한 하나님의 계획에 완벽하게 적합한 존재들입니다. 먹이사슬에서 얼마나 중요한 역할을 하는지 언급하지 않더라도 곤충학자가 아니라도 곤충이나 거미, 벌레들의 중요한 역할은 알 수 있습니다.

성경에는 메뚜기와 여치, 개미, 말벌, 꿀벌, 좀, 이, 벼룩, 파리, 거머리, 거미, 전갈 등이 등장합니다. 세례 요한에게서 볼 수 있듯 메뚜기는 때때로 음식이 되기도 했습니다(마 3 : 4). 꿀을 만드는 꿀벌은 삼손의 유명한 수수께끼에도 등장합니다(삿 14장). 이와 파리는 애굽 사람들을 괴롭히기도 합니다(출 8장). 개미는 지혜의 상징이 되기도 합니다. "게으른 자여 개미에게로 가서 그 하는 것을 보고 지혜를 얻으라"(잠 6 : 6). 예수님은 좀과 동록이 갉아먹는 땅이 아니라 하늘에 보물을 쌓아두라고 하십니다(마 6 : 19).

"왜 곤충이 존재해야 할까?"라고 스스로 물을 때가 많을 것입니다. 모기나 파리, 바퀴벌레나 기어 다니는 조그만 벌레들이 왜 필요할까요? 그러나 이 작은 피조물들은 사실 이 세계를 향한 하나님의 계획에 완벽하게 적합한 존재들입니다. 먹이사슬에서 얼마나 중요한 역할을 하는지 언급하지 않더라도 곤충학자가 아니라도 곤충이나 거미, 벌레들의 중요한 역할은 알 수 있습니다. 이번 과에서 어린이들은 하나님께서 우리에게 주신 피조물의 다양성에 대해 다시 한 번 배우게 될 것입니다. 또한 지구의 생태계를 오묘한 조화로 유지하시는 하나님의 방법에 대해서도 알게 될 것입니다. 하나님께서 창조하신 이 작은 피조물들을 보호함으로 창조주를 향하여 믿음으로 응답하는 것이 우리의 책임입니다.

이 피조물들은 우리 몸에 기어 다니기도 하지만 하나님으로부터 비롯된 창조의 한 부분이기도 합니다. 말씀으로 모두 창조하신 후 하나님께서는 "그 지으신 모든 것을 보시니 보시기에 심히 좋았더라"며 당신이 창조한 것을 승인하셨습니다.

식물들과 동물들이 창조되었듯 곤충도 창조되었습니다. 누가 기어 다니고 날아다니는 벌레들을 만드셨습니까? 우리 주 하나님께서 그 모든 것을 만드신 것입니다.

이 "보시기에 좋은" 피조물은 하나님께서 만드신 인간의 보호를 받아야 하는 존재입니다. 시편 8장에는 곤충에 대한 구체적인 언급이 없지만 이 피조물 역시 인간의 통치를 받아야 하는 생물 중 하나라고 기록되어 있습니다. "주의 손으로 만드신 것을 다스리게 하시고 만물을 그 발 아래 두셨으니 곧 모든 우양과 들짐승이며 공중의 새와 바다의 어족과 해로에 다니는 것이니이다"(시 8 : 6 - 8).

이번 과에서 어린이들은 하나님께서 우리에게 주신 피조물의 다양성에 대해 다시 한 번 배우게 될 것입니다. 또한 지구의 생태계를 오묘한 조화로 유지하시는 하나님의 오묘한 방법에 대해서도 알게 될 것입니다. 하나님께서 창조하신 이 작은 피조물들을 보호함으로 창조주를 향하여 믿음으로 응답하는 것이 우리의 책임입니다.

유치부에 왔어요

▶ **반가워요**   환영하는 선생님이 곤충 더듬이 헤어 밴드를 하고 어린이들을 반갑게 맞이합니다.

▶ **마음 열기**   물고기·곤충·새들에 관한 동화책과 그림책, 동물도감이나 자연과학 사진 등을 비치하여 둡니다. 어린이들이 여러 책들을 보면서 하나님께서 창조하신 피조물들에 대해 자연스레 마음을 열 수 있도록 돕습니다.

예배 드려요

▶ **찬　　양**   하나님의 걸작품(나비, 거미, 개미 등으로 바꾸어 찬양합니다.)
　　　　　　　　순종하며 살아요

▶ **기　　도**   멋진 세상을 만드신 하나님! 우리에게 멋진 곤충을 만들어 주셔서 감사합니다. 아름다운 세상에서 서로서로 사랑하며 지내겠어요. 오늘 우리들이 드리는 예배를 기쁘게 받아 주세요. 예수님 이름으로 기도합니다. 아멘.

▶ **성경봉독**   이것은 성경(두 손을 모읍니다.) 　　　　　　　 활짝 펴요.(책을 펴듯이 펼칩니다.)
　　　　　　　　창세기 1장 24-25절 말씀. 　 하나님께서 말씀하시기를 "땅은 생물을 그 종류대로, 곧 가축과 땅 위에 기는 것과 들짐승을 그 종류대로 내라" 하시니 그대로 됐습니다. 하나님께서 들짐승을 그 종류대로, 가축을 그 종류대로, 땅에 기는 모든 것을, 그 종류대로 만드셨습니다. 하나님께서 보시기에 좋았습니다.

▶ **들어가기**   등산 모자를 쓰고, 매미채를 들고, 곤충 채집통을 메고 나옵니다. 아이들에게 무엇을 하러 가는 것 같은지 알아맞혀 보도록 합니다. 잠자리 잡는 흉내를 내기도 합니다. 아이들이 "잠자리!", "매미!" 하고 대답하면 이런 것들을 무엇이라고 하는지 생각해 보도록 하고 곤충이라고 함께 말해 봅니다.
지난 주에는 힘세고 큰 동물, 귀여운 동물들에 대해 알게 되었는데 이번 주에는 하나님께서 만드신 아주 작은 곤충이 얼마나 아름다운지에 대해서 알게 될 것이라고 말해 줍니다.

⚪ 성경 이야기

오늘은 하나님께서 만드신 피조물들 중에 가장 작은 친구들에 대해 배울 거예요. 바로 곤충이랍니다. 곤충들은 몸은 작지만 아주 특별해요. 하나님께서 아주 특별하게 만드셨거든요. 몇 가지만 소개해 줄게요.

1. 춤추는 벌

벌은 아주 놀라운 곤충이에요. 그중에서도 꿀벌은 아주 열심히 일하고 정말 똑똑해요. 우리가 맛있게 먹는 달콤한 꿀을 만들어내는 게 바로 꿀벌이에요. 꿀벌만이 꿀을 만들어낼 수 있답니다.

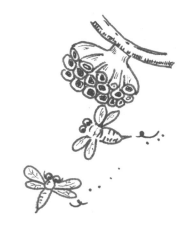

아주 달고 맛있는 꽃을 찾은 꿀벌은 다른 벌들에게 날아가요. 그리고 춤을 추면서 그 꽃들이 어디에 있는지 알려 줘요. 꿀벌들은 말을 할 수가 없거든요. 꽃들이 가까이 있으면 꿀벌들은 한 개의 동그라미를 그리면서 춤을 춰요. 멀리 있으면 두 개의 동그라미를 그리며 춤을 춰요. 만약 아주 천천히 춤을 추면 그건 꽃들이 아주아주 먼 곳에 있다는 의미예요. 정말 똑똑하지요? 다른 꿀벌들은 그 춤을 보고 나서 공기에서 꽃의 냄새를 맡고 정확하게 꽃들을 찾아간대요.

꿀벌들은 놀라운 일을 많이 할 줄 알아요. 우리는 꿀벌들이 어떻게 그렇게 똑똑한지 알 수 없어요. 하지만 하나님께서는 아세요. 하나님께서 만드셨거든요.

꿀벌을 만드신 하나님께 감사해요.

2. 반딧불이

반딧불이는 하나님께서 만드신 가장 놀라운 피조물 중의 하나예요. 반딧불이는 꼭 크리스마스트리를 장식하는 작은 불 같아요. 그러나 반딧불이는 추운 크리스마스에는 볼 수 없답니다. 대신 더운 여름밤에만 볼 수 있어요.

여러분들은 왜 반딧불이가 반짝반짝 불을 밝히는지 아나요? 그것은 그 불을 보고 다른 반딧불이 친구들이 그 반딧불이를 찾을 수 있도록 하나님께서 그렇게 만들어 주셨기 때문이에요.

반딧불이의 알은 깜깜한 곳에서도 빛난대요. 더 놀라운 것은 그 애벌레도 어두운 곳에서 빛나는 거예요. 그래서 반딧불이의 애벌레를 "반짝이는 애벌레"(glowworms)라고 부르기도 해요.

혹시 여름에 시골에 가서 반딧불이를 발견하게 되면 병에 넣고 가까이서 관찰해 보세요. 그러면 반딧불이들은 춤추고 반짝거리면서 우리의 훌륭하신 하나님에 대해 말해 줄 거예요. 그리고 나서 친구들에게 다시 돌아갈 수 있도록 꼭 놓아 주세요.

반딧불이를 만드신 하나님께 감사해요.

3. 나비

나비는 아름다워요. 그리고 나비들은 다양한 종류의 색깔들을 가지고 있어요. 빨강, 파랑, 노랑, 녹색, 보라, 주황……

나비는 오래 살지 못해요. 보통 한두 주 정도 살아요. 하지만 나비들은 세상을 특별히 아름다운 곳으로 만들어 줘요.

나비는 날개 외에도 아주 재미있는 것을 가지고 있어요. 여러분은 나비가 어디로 음식 맛을 느끼는지 아나요? 맞혀 보세요. 바로 발이에요. 놀랍죠? 우리 친구들이 나비같이 맛을 본다면 케이크에 발가락을 넣어서 맛을 보아야 할 거예요.

나비는 씹을 수 있는 이빨이 없어요. 대신 빨대 같은 대롱이 있어요. 보통 때는 그 빨대를 말아 놓았다가 먹을 때만 그 빨대를 펴서 달콤한 꽃물을 빨아 마신대요. 여러분도 나비처럼 먹고 싶으면 빨대를 3개 정도 연결해서 주스를 마셔 보세요. 그 긴 빨대로 매일매일 그렇게 먹을 수 있을까요? 나비들은 그렇게 한대요. 하나님께서는 특별한 생각으로 나비를 만드셨어요.

다음에 나비를 보면 예쁜 날개를 보고 예쁘다고 칭찬해 주세요. 그리고 특별한 발과 긴 대롱을 생각하고 나비들을 만드신 하나님께 감사하세요.

나비를 만드신 하나님, 감사해요.

이 외에도 하나님은 수많은 곤충들을 특별하게 만드셨어요. 우리 함께 창세기 1장 31절을 외워 봐요. "하나님께서 그 지으신 모든 것을 보시니 보시기에 심히 좋았더라." 하나님께서는 곤충들을 만드시고 좋아하셨어요.

가장 번성한 동물, 곤충!

현재 전 세계에는 100만 종 이상의 곤충이 있는데, 이것은 전체 동물의 80%가 곤충이라는 것을 뜻합니다. 곤충은 무척추동물 가운데 절지동물 무리에 속합니다. 곤충은 등뼈가 없는 대신 단단한 겉 뼈대로써 몸을 보호하고 있는데 다리가 6개밖에 없는 점에서 다른 절지동물과 다릅니다. 대부분의 곤충은 날개가 있어 위험에 처했을 때 재빨리 벗어날 수 있고 또 먹이를 찾아서 멀리 날아다닐 수도 있습니다. 또 몸의 크기가 작아 적을 피해 아주 좁은 곳에서도 숨을 수 있고 살아나가기 위한 먹이도 그다지 많이 필요하지 않습니다.

☼ 참고자료: 여러 곤충들을 통해 보는 하나님의 놀라운 섭리

다음에 제시하는 참고 자료를 통해 여러 곤충의 특징과 이를 만드신 하나님의 완전하신 지혜와 섭리에 대해 감사하고 찬양하는 시간을 갖는다면 더 좋은 성경 이야기 시간이 될 것입니다.

1. 걸어 다니는 막대기

막대기가 일어서서 걸어 다니는 것을 본 적이 있나요? 하나님께서 그런 곤충을 만드셨어요. 바로 막대벌레예요. 막대벌레의 몸은 작은 나뭇가지처럼 길고 가늘어요. 몸은 녹색과 밤색 같은 나무 색깔이에요. 하나님께서는 막대벌레에게 아주 좋은 변장(숨는) 기술을 주셨어요. 새들이 먹이를 찾을 때 이 막대벌레는 찾을 수가 없대요. 왜냐하면 꼭 나뭇가지 같거든요.

그런데 막대벌레는 알을 낳을 때는 조심성이 없어져요. 그냥 나무의 아무데서나 알을 낳아요. 그래서 작은 알들은 그냥 땅에 떨어져요. 어느 때는 정말 많은 수의 알을 낳아서 나뭇잎에 떨어지는 빗소리 같이 들리기도 한대요. 참 신기하죠?

2. 기술 좋은 사냥꾼 거미

거미를 본 적이 있나요? 거미들은 거실의 천장 구석이나 창문 밖 처마, 또는 정원의 나무 사이에 거미줄을 칠 수 있어요. 여러분의 집에서 볼 수 있는 거미들은 대부분 아주 작아요. 그런데 어떤 거미들은 주먹만 한 것도 있어요. 어떤 거미들은 아주 커서 새를 잡아먹기도 한대요. 그러나 그런 거미들은 아주 먼 정글이나 사막에나 사니까 걱정하지 않아도 돼요.

거미들은 음식을 먹기 위해 덫을 놓아요. 거미들은 얇은 비단실을 만들어서 거미줄을 만들어요. 거미줄은 매우 끈적끈적해요. 그래서 다른 벌레들이 그 줄을 만지면 붙어버려요. 그러면 거미가 다가가서 물어버리는 거예요. 거미에 물린 벌레는 잠이 들어요. 그 후에 거미는 잠들어 버린 벌레를 먹는답니다.

모든 거미들이 거미줄을 만드는 것은 아니에요. 점핑 거미들은 먹이를 보면 높은 건물 끝까지도 쫓아가요. 그러다가 먹이가 가까이 오면 폴짝 뛰어서 잡는대요. 또 숨은문거미는 땅 속에 구덩이를 파요. 그리고 그 구멍 위에 작게 숨을 수 있는 문을 만들어요. 그리고 그 속에서 먹이가 오기를 기다리는 거예요. 그러다가 먹이가 지나가면 튀어나와서 먹이를 잡는대요. 놀랍고 재미있죠? 하나님께서는 참 신기하고 흥미로운 거미들을 만드셨어요.

3. 농부와 소

작고 검은 개미들이 집밖을 기어 다니는 것을 본 적이 있나요? 여러분은 개미들이 땅에 터널을 만들고 집을 짓는 것을 알고 있지요? 개미들은 음식을 찾으면 그것을 땅속으로 가지고 들어가서 아기 개미들과 다른 일개미들과 나누어 먹어요. 하지만 아마 이건 모를 거예요.

어떤 개미들은 자신들만의 농장과 진드기(aphids)라고 하는 소를 가지고 있어요. 진드기는 진짜 소는 아니고요, 아주 작은 녹색 벌레예요. 진드기는 개미보다도 작아요. 진드기는 나뭇가지 위에 살아요. 개미들은 진드기들을 돌봐줘요. 개미들은 진드기들을 깨끗하게 닦아 주고 더듬이로 쓰다듬어 주기도 한대요. 그러면 진드기들이 매우 좋아하는 것 같아요. 대신에 진드기들은 개미들에게 달콤한 설탕물 같은 꿀(honeydew)을 주어요. 개미들은 이 꿀물을 가득 채워서 집으로 돌아가지요. 그리고 배고픈 일개미들에게 나누어 준대요.

참 신기하고 멋진 곤충들을 하나님께서 만드셨어요.

 ## 우리 반에 모여요

▶ **출석 확인**　어린이들이 자신의 출석표에 표시하도록 시간을 주십시오.

(곤충 스티커를 나눠주는 것도 좋은 방법입니다.)

▶ **이야기 나누기**　하나님의 말씀을 다시 한 번 생각하며 이해하도록 돕는 질문들입니다. 이 질문들을 어린이들과 나누면서 어린이들 스스로 말씀을 생각하고 느끼게 합니다.

- 여러분이 들은 성경 이야기 중에서 지금 기억이 나는 곤충들은 어떤 것이 있나요? 이 중 직접 본 적이 있는 곤충들이 있나요?
- 성경 이야기를 들으면서 기억나는 곤충의 이름은 몇 종류나 될까요?
- 하나님께서는 왜 곤충을 만들려고 생각하셨나요?
- 하나님께서는 어떻게 이렇게 많은 곤충들을 세상에 두려고 하셨을까요?
- 아주 작은 곤충과 벌레까지 보호하시고 사랑하시는 것을 보면서 어떤 하나님을 생각하게 되나요?
- 하나님께서 우리가 사는 세상을 얼마나 사랑하시고 보호하시는지 느낄 수 있나요?

1. 곤충들도 하나님의 솜씨를 찬양해요(곤충 채집 상자 만들기)

■ 활동목표 : 하나님께서 곤충들을 만드셨음을 압니다.

■ 준 비 물 : 교회학교용 교재 13쪽, 29쪽, 풀, 투명테이프

■ 활동방법 : 1) 교회학교용 교재 29쪽의 곤충 채집 상자를
조립하여 준비합니다.

2) 교회학교용 교재 13쪽의 곤충 그림 카드를
오려서 채집 상자에 넣은 뒤 하나씩 뽑으며 어느
곤충을 말하는지 퀴즈를 내고 답해 봅니다.

1. 매미– 나무에 딱 붙어 있어요 맴맴 맴맴 찬양해요.

2. 반딧불이– 몸에서 반짝반짝 빛이 나요. 깜깜한 밤에 빛을 내어 춤을 추고
하나님을 찬양해요.

3. 잠자리– 장대 끝에 앉아 균형을 잘 잡아요. 가을 하늘을 날아다니며
하나님을 찬양해요.

4. 사마귀– 앞다리 두 개가 낫처럼 구부려졌어요. 삼각형 뾰족한 머리로
까딱까딱 하나님을 찬양해요.

5. 메뚜기– 팔딱팔딱 점프를 잘해요. 풀잎 사이를 뛰어다니며 하나님을
찬양해요.

6. 나비– 날개가 아주 아름다워요.훨훨 춤추며 하나님을 찬양해요.

7. 벌– 엉덩이에 침이 있어요.꿀을 모으며 하나님을 찬양해요.

8. 개미– 땅속에 복잡한 집을 지어요. 지혜롭게 일하며 하나님을 찬양해요.

tip : 시간을 고려해 곤충 채집 상자를 교사가 미리 만들어도 좋습니다.

 하나님, 곤충들을 주셔서 감사해요!

2. 곤충의 세계

■ 활동목표 : 하나님께서는 각 곤충을 각각에 가장 알맞게 만드신 분이심을 알고 찬양합니다.

■ 준 비 물 : 전지, 색종이, 도화지, 크레파스, 색연필, 성냥개비, 요구르트 병, 가위, 풀, 어린
이용 접착제, 실, 인형 눈

■ 활동방법 : 1) 교사는 전지에 큰 나무를 그려놓고 어린이들에게 질문합니다.

질문의 예) • "이것은 무슨 나무일까요? 이 나무를 어떻게 꾸밀까요?"

• "하나님께서는 이런 나무에 어떤 곤충들을 만들 생각을
하셨을까요?"

• "우리도 이 나무에 어울리게 곤충들을 만들어 볼까요?"

2) 교사는 미리 곤충을 만든 것을 예시로 보여 주고 어린이들이 창의적으로
곤충을 꾸며 볼 수 있도록 도와줍니다.

질행의 예) "선생님은 여기 잠자리와 벌을 만들어왔는데 우리는 어떤 곤충을
만들어 이 나무를 꾸며 볼까요?"

〈잠자리와 벌을 만드는 방법〉

잠 자 리	벌	나 비
① 색종이를 반으로 접는다. ② 그 위에 날개를 그린 후 가위로 오린다(유아반의 경우 날개를 미리 모두 만들어 둔다). ③ 성냥개비 위에 오린 색종이 날개를 붙인다.	① 검정 색종이를 오려서 벌 모양으로 요구르트 병에 붙인다. ② 색종이로 날개를 만든다. ③ 인형 눈을 붙여 완성시킨다.	① 색종이 두 장을 각각 대각선으로 부채 접듯이 접어서 가운데 부분을 실이나 빵 묶는 철사로 묶는다. ② 양 끝 부분을 펼친다.

3) 곤충을 만들어 나무를 모두 꾸민 후 어린이들과 함께 감상합니다.

정리의 예) • "우리가 만든 곤충들로 나무를 꾸미니 어떤 마음이 들어요?"

• "하나님께서 곤충들을 만드시고 마음이 어떠셨을까요?"

➡ 간식　　　　어린이들의 영양을 고려한 간식을 준비합니다.

 다함께 모여요

➡ 대그룹 활동

1. 하나님! 곤충들을 주셔서 감사합니다

■ 활동목표 : 하나님께서 각 곤충을 그 특성에 맞게 만드셨음을 알고 감사하며 찬양합니다.

- 준 비 물 : 곤충들의 사진이나 그림 자료들, "하나님! 감사합니다."라고 적힌 팻말
- 활동방법 : 1) 하나님께서 어떤 곤충들을 만드셨는지 성경 이야기를 기억해 보도록
  합니다.
  진행의 예) "하나님께서 어떤 곤충들을 만드셨지요? 우리 이 곤충들을
  생각하며 하나님께 감사 찬양을 해 볼까요?"
  2) 교사는 어린이들에게 감사의 말을 할 수 있도록 격려하고 다음과 같이 함께
  활동을 진행해 나갑니다. 앞에 나오는 교독(交讀)을 따라 하면서 아이들이
  하나님께 감사의 말을 할 수 있게 격려하십시오. 아이들에게 뒷 구절을
  가르쳐 주고 여러 번 연습하게 하십시오. 선생님이 먼저 말하고 나면
  어린이들이 한 목소리로 이야기해야 한다는 것을 가르치십시오.

교　사 : 날개로 나는 곤충들, 잠자리, 꿀벌, 개똥벌레, 무당벌레를 만드신
아이들 : 하나님! 곤충들을 주셔서 감사합니다.
교　사 : 아름다운 나비와 나방, 솜털이 덮인 몸으로 기어 다니는 애벌레를
　　　　 만드신
아이들 : 하나님! 곤충들을 주셔서 감사합니다.
교　사 : 사마귀와 대벌레 같이 이상하게 생긴 벌레들도 만드신
아이들 : 하나님! 곤충들을 주셔서 감사합니다.
교　사 : 물에서 헤엄치는 물방개나 소금쟁이, 반짝이는 풍뎅이, 맴맴 매미,
　　　　 귀뚤귀뚤 귀뚜라미를 만드신
아이들 : 하나님! 곤충들을 주셔서 감사합니다.
교　사 : 기가 막힌 거미줄을 치는 거미, 점프하는 거미를 만드신
아이들 : 하나님! 곤충들을 주셔서 감사합니다.
교　사 : 줄지어 일하며 집을 짓고 땅을 파는 개미를 만드신
아이들 : 하나님! 곤충들을 주셔서 감사합니다.
교　사 : 아주 작은 곤충들까지도 너무나 멋지게 만드신
아이들 : 하나님! 곤충들을 주셔서 감사합니다.

2. 나비 되어 보기
- 준 비 물 : 꽃판 여러 개, 반환점, 나비 날개 2개
- 활동방법 : 1) 2팀으로 나누어 바닥에 꽃판을 징검다리 모양으로 반환점까지 붙입니다.
  2) 어린이들을 2팀으로 나눕니다.
  3) 나비 날개를 등에 달고 출발신호가 울리면 발을 모아 꽃판을 뛰어
  반환점까지 갑니다.
  4) 뛰어서 돌아옵니다.

➡ 마음에 새겨요 회상하기 질문을 통해 어린이들은 오늘 배운 성경 말씀을 삶 속에서 적용할 수 있도록 도움 받을 수 있답니다.

- 하나님께서는 어떤 곤충들을 만드셨을까요?
- 요즘 우리 주변에서 볼 수 있는 곤충들은 어떤 것들이 있나요?
- 곤충들을 보며 우리는 어떤 하나님을 생각하게 되지요?
- 곤충을 만드신 하나님께 나는 무엇이라고 말하고 싶은가요?

➡ 기   도 이렇게 작고 작은 곤충을 보호하시는 하나님! 이번 한 주도 우리를 지켜 주실 것을 믿어요. 곤충들을 보며 하나님을 생각하게 해 주세요. 예수님 이름으로 기도합니다. 아멘

➡ 광   고 가정용 교재로 오늘 배운 성경 이야기를 집에서 복습하도록 광고해 주십시오.
다음 과의 활동을 위하여 아이들의 아기 때 사진을 가져올 수 있도록 광고하십시오.

➡ 마침인사 샬롬 노래를 부르며 집으로 돌아갑니다.

샬롬 샬롬 선생님 샬롬 샬롬 친구들
다음 주에 다시 만나 예배드리자
샬롬 샬롬 샬-롬

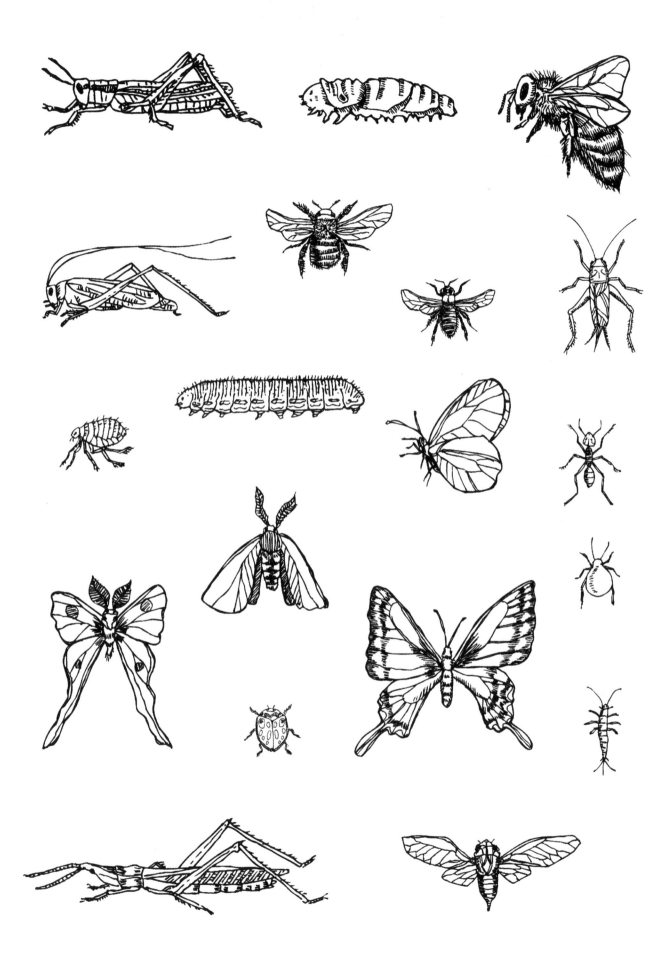

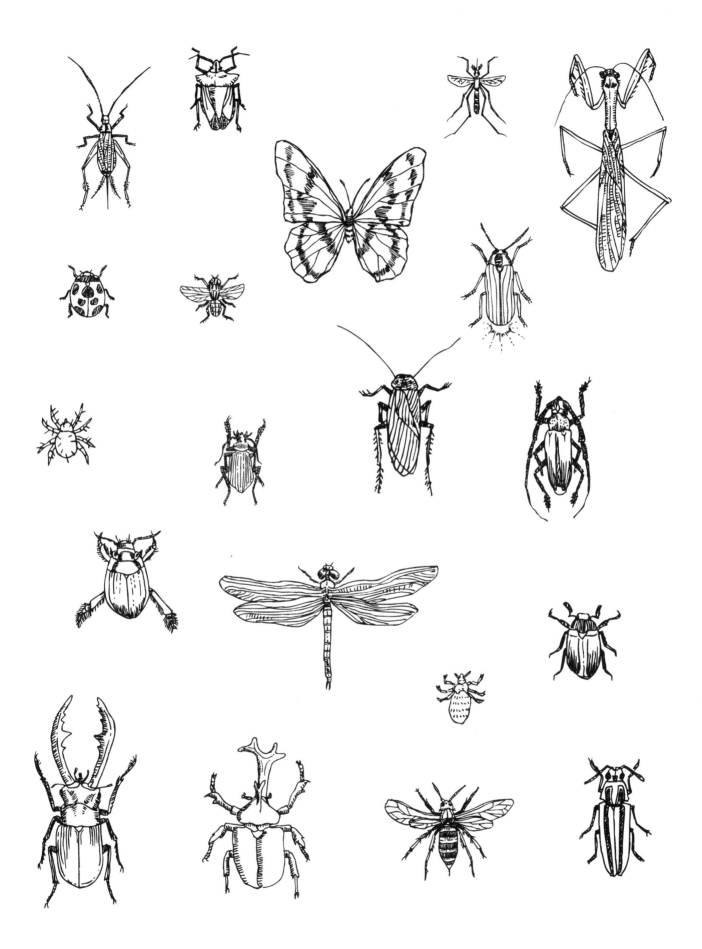

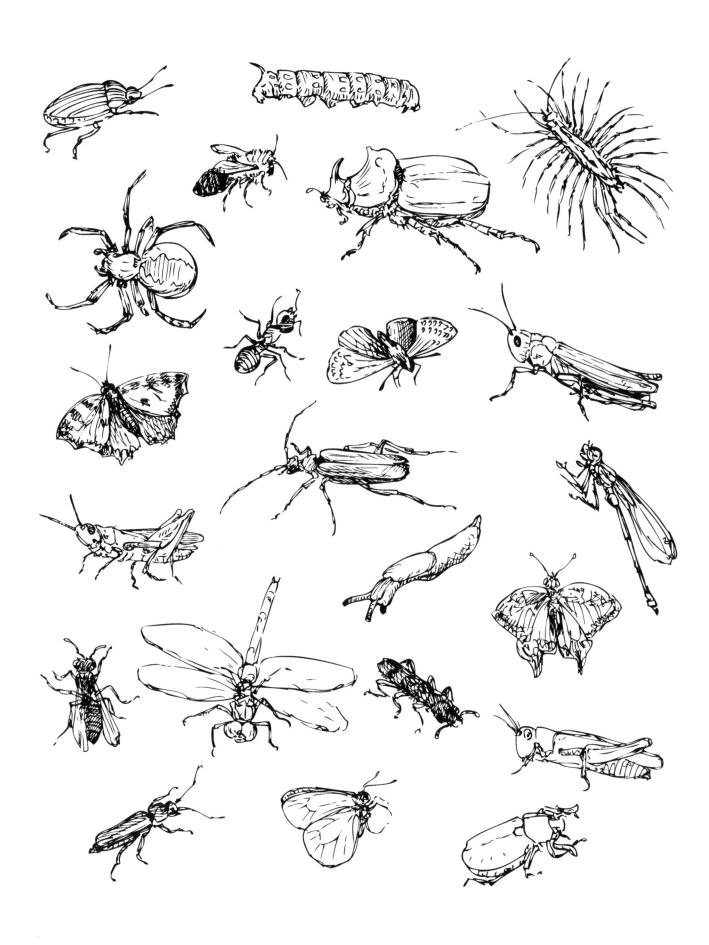

7 하나님, 나를 창조해 주셔서 감사해요

성 경	창세기 1장 26 – 27절, 시편 8편 4 – 8절, 시편 139편 13 – 14절
암 송	내가 주께 감사하옴은 나를 지으심이 심히 기묘하심이라(시편 139 : 14)
포인트	하나님, 특별한 목적을 가지고 우리를 창조해 주셔서 감사합니다.

◎ 이 과의 목표

믿음의 성숙 (교사와 어린이)

- 하나님께서 사람을 만드신 것은 창조 계획 속에서도 매우 특별한 의미를 가진다는 것을 깨닫습니다.
- 하나님께서 우리 각자를 특별하게 만드신 것에 경이로움을 느낍니다.
- 하나님께서 우리를 사랑하신다는 것을 확실히 느낍니다.
- 우리 모두를 창조하신 하나님을 찬양합니다.

성경에 대한 이해 (어린이)

- 하나님께서 아담과 하와를 창조하신 방법을 생각해 봅니다.
- 하나님께서 어떻게 우리 모두를 각각 다른 사람으로 창조하실 수 있었는지 생각해 봅니다.
- 하나님께서 사람들에게 주신 특별한 사명이 무엇인지 이야기해 봅니다.

믿음의 본보기 (교사)

어린이들 한 사람 한 사람을 특별하게 창조하시고 선생님 반에 보내 주신 하나님께 감사드립니다.

◎ 한눈에 보는 오늘의 예배

순 서	소요시간	활동계획
유치부에 왔어요	예배 전	반가워요 · 마음 열기
예배드려요	35 – 40분	찬양 · 기도 성경 봉독 · 성경 이야기
우리 반에 모여요	15 – 20분	출석 확인 · 이야기나누기 소그룹 놀이 활동(춤추는 인형 만들기 외 3 중 택일)
다함께 모여요	10분	대그룹 놀이 활동(여기여기 모여라) 마음에 새겨요 · 광고 · 마침 인사

＊ 위의 순서는 각 교회학교의 사정에 따라 다르게 진행될 수 있습니다.

回 이 과를 준비하는 선생님들께

어느 날 아버지가 어린 아들에게 높이 달린 찬장 안에 있는 물건을 꺼내오라고 부탁했습니다. 그 말을 들은 아이는 어쩔 줄 몰라 망설이고 있었습니다. "아빠, 내가 어떻게 꺼내요? 난 너무 키가 작고 어리잖아요." 그러자 아버지가 대답합니다. "의자를 찬장으로 가져가면 되잖니? 머리만 쓰면 간단한 문제를 가지고!" 아이는 곧장 식탁으로 달려가 몸을 구부려 의자를 머리 위에 얹고는 그것으로 찬장을 밀쳤습니다.

웃음을 자아내는 이 이야기는 유아들이 자신의 주변 세계를 어떻게 이해하는지 보여 줍니다. 아이는 아버지의 지시를 듣고 문자 그대로 이해했습니다. 유아·유치부의 어린이들은 구체적인 사실과 추상적인 생각을 구분하지 못합니다. 어린이들은 만지고 움직이고 보고 냄새 맡고 맛보면서 가장 효과적으로 배울 수 있습니다. 다른 말로 하자면 어린이들은 환경과의 직접적인 접촉을 통해 배운다는 뜻입니다. 그 결과 어린이들은 보고 듣는 그대로 생각합니다.

6과까지는 어린이들을 둘러싸고 있는 세계에 대한 경험에 초점을 맞추었다면, 7과와 8과에서는 어린이들 자신에 대한 자각으로 초점이 옮겨갑니다. 하나님께서는 어린이들 주변의 세상만 창조하신 것이 아니라 어린이들 모두를 창조하시고, 몸과 마음 그리고 각자의 독특한 성격과 찬양과 감사의 능력을 주셨습니다.

이번 과에서는 인간이라는 존재 그리고 창조 과정에서 하나님께서 인간에게 주신 특별한 지위에 초점을 맞춥니다. 추상적인 면으로 접근한다면 이번 주제는 어린이들이 이해할 수 있는 범위를 넘어서는 것입니다. 그 대신 어린이들이 관심을 보이거나 돌보는 동물이나 식물, 곤충, 음식, 물 등의 구체적인 예를 들어 창조에 있어서의 그들의 특별한 지위에 대해 설명해 줄 수 있습니다.

이번 과의 핵심은 "하나님의 형상"이라는 성경적인 개념입니다. 이 용어는 어른들은 이해할 수 있지만 어린이들은 이해하기 어려운 개념입니다. 그러나 어린이들도 하나님의 자녀라는 것은 이해할 수 있습니다. 하나님께서 우리에게 멋진 세상을 주시고 그곳에서 특별한 지위를 갖게 하셨다는 것은 알 수 있습니다. 인간을 창조하시면서 하나님께서는 "바다의 고기와 공중의 새와 땅에 움직이는 모든 생물을 다스리라"(창 1 : 28)고 하셨습니다. 시편 기자는 하나님께서 인간으로 하여금 "주의 손으로 만드신 것"(시 8 : 6)을 다스리게 하셨다는 것에 경이로워합니다.

창조에 있어서 우리의 위치를 아는 것보다 더 직접적인 것은 우리가 누구인가를 아는 것입니다. 우리가 하나님의 자녀임을 아는 것은 믿음으로 성장하면서 진리가 우리 삶을 넓고 깊게 하는 것을 의미합니다. 비록 어리지만 어린이들은 이 위대한 진리를 믿고 받아들이기 시작할 것입니다. 또한 진리가 그들의 삶을 만들어가고 자신과 자신의 가치를 알고 다른 사람들을 어떻게 대해야 할지를 알게 할 것입니다.

우리 모두는 가치 있는 존재인데, 이것은 우리가 살아있거나 의식이 있거나 생각을 할 수 있기 때문이 아

이번 과의 핵심은 "하나님의 형상"이라는 성경적인 개념입니다. 이 용어는 어른들은 이해할 수 있지만 어린이들은 이해하기 어려운 개념입니다. 그러나 어린이들도 하나님의 자녀라는 것은 이해할 수 있습니다. 하나님께서 우리에게 멋진 세상을 주시고 그곳에서 특별한 지위를 갖게 하셨다는 것은 알 수 있습니다.
창조에 있어서 우리의 위치를 아는 것보다 더 직접적인 것은 우리가 누구인가를 아는 것입니다. 우리가 하나님의 자녀임을 아는 것은 믿음으로 성장하면서 진리가 우리 삶을 넓고 깊게 하는 것을 의미합니다. 비록 어리지만 어린이들은 이 위대한 진리를 믿고 받아들이기 시작할 것입니다. 또한 진리가 그들의 삶을 만들어가고 자신과 자신의 가치를 알고 다른 사람들을 어떻게 대해야 할지를 알게 할 것입니다.

니라 우리가 하나님의 형상으로 창조되었기 때문입니다. 이는 전능하신 하나님이 우리를 자신과 같은 모습으로 만드셨다는 것을 이해하는 것입니다. 우리는 특별히 하나님의 형상을 따라 만들어졌고 그래서 하나님과 깊이 관련되어 있습니다. 우리는 하나님으로부터 나왔으므로 하나님 앞에 있어야 하고 하나님 없이는 살 수가 없습니다. 하나님께서는 우리의 삶을 둘러싸고 있습니다. 시편 기자는 이것을 깨닫고 하나님을 찬양합니다. "나를 지으심이 신묘막측하심이라"(시 139 : 14).

이번 과를 통하여 어린이들은 살아 계신 하나님을 찬양할 것입니다. 하나님께서 창조하신 세계를 돌볼 수 있는 길을 함께 찾아보면서, 하나님께서는 우리와 함께 하시며 우리가 우리를 둘러싼 세계를 돌볼 때 기뻐하신다는 것을 설명해 주시기 원합니다.

유치부에 왔어요

➡ **반가워요**   교사는 아이를 악수로 인사하면서 맞이합니다. 어떤 아이가 누구와 친한지 살펴보고, 친구가 없는 아이에게는 다른 아이들이 관심을 가져 주도록 유도합니다.

➡ **마음 열기**   전신 거울을 준비하여 아이들이 거울 앞에서 자기의 모습을 확인해 보게 합니다. 친구들과 자신의 비슷한 점과 다른 점이 무엇인지 찾아보기도 하고, 여러 표정을 지어 보기도 하며 자신과 친구들의 모습을 마음껏 관찰하는 시간을 가집니다.

예배 드려요

➡ **찬 양**   예수님하고 나하고 닮은 곳이 있대요
나 때문에 우리 예수님
나 찬양합니다
우리는 하나님의 걸작품
날 만드심이라
내 마음에 사랑이
나의 하나님

▶ 기　　도　멋진 세상을 만드신 하나님! 특별한 목적을 가지고 나를 만들어 주셔서 감사합니다. 오늘 우리들이 드리는 예배를 기쁘게 받아 주세요. 예수님 이름으로 기도합니다. 아멘.

▶ 성경봉독　이것은 성경(두 손을 모읍니다.)　　　　활짝 펴요.(책을 펴듯이 펼칩니다.)
창세기 1장 26-27절 말씀.　하나님께서 말씀하시기를 "우리가 우리의 형상대로 우리의 모양을 따라 사람을 만들어 그들이 바다의 물고기와 공중의 새와 가축을 온 땅과 땅 위에 기는 모든 것을 다스리게 하자" 하시고 하나님께서 사람을 그 분의 형상대로 창조하시니, 곧 하나님의 형상대로 사람을 창조하시되 하나님께서 그들을 남자와 여자로 창조하셨습니다.

▶ 들어가기　커다란 하트(부드러운 천에 솜을 약간 넣어 도톰하게 합니다)를 목에 걸고 나옵니다. 무엇인지 물어보며 우리 모두가 다 가지고 있다고 말하고, 사랑을 뜻한다고 말해 줍니다.
지난 주까지 하늘과 땅, 식물, 동물을 만드신 하나님에 대해 배운 말씀을 상기시키며, 오늘은 사람을 창조하신 말씀을 듣겠다고 합니다. 꼭 성경을 펴서 이 내용이 성경에 있음을 알 수 있도록 합니다.

¤ 성경 이야기

태초에 하나님께서는 하늘과 땅을 만드셨어요. 하나님께서 말씀하시자 갖가지 아름다운 것들로 땅은 가득 차게 되었어요.

산과 강(그림에서 산과 강을 가리킨다),
나무(나무를 가리킨다),
새(새를 가리킨다),
물고기(물고기를 가리킨다),
그리고 동물(동물을 가리킨다).
하나님께서 그 지으신 모든 것을 보시니 보시기에 좋았어요(그림들 위로 손을 움직인다).

그런데 하나님께서 창조하신 크고 멋진 세계에는 하나님을 도와 이 땅을 돌볼 누군가가 필요했어요. 하나님께서는 많은 식물과 동물을 만드셨지만 아무도 하나님과 이야기할 수는 없었지요. 하나님의 말씀을 이해하고, 말하며 들을 수 있는 누군가가 필요했어요. 하나님을 사랑하며 하나님께서 돌보듯 세상을 돌볼 누군가여야 했지요.
하나님께서는 말씀하셨어요. "우리의 형상을 따라 우리의 모양대로 사람을 만들고 바다의 고기와 공중의 새와 육축과 온 땅에 기는 모든 것을 다스리게 하자."

생각할 수 있는 머리와(머리를 가리킨다)

사랑할 수 있는 가슴을 가진(가슴을 가리킨다)

하나님의 세계를 돌볼 수 있는 사람, 하나님을 닮은 사람(손으로 사람의 형상을 빚는 시늉을 한다).

바로 남자와 여자를 창조하셨어요.

하나님께서는 아담과 하와에게 돌보아야 할 멋진 세상을 주셨어요(남자와 여자 인형을 올려놓는다).

아담과 하와를 만드신 분은 하나님이에요. 사랑하는 엄마 아빠를 만드신 분도 하나님이에요. 멋진 나를 만드신 분도 하나님이시지요. 우리 모두를 만드신 하나님, 참 감사합니다.

우리 반에 모여요

▶ **출석 확인**   어린이들이 자신의 출석표에 표시하도록 시간을 주십시오.

(아이들의 표정이 담긴 스티커를 나눠 주는 것도 좋은 방법입니다.)

▶ **이야기 나누기**   하나님의 말씀을 다시 한 번 생각하며 이해하도록 돕는 질문들입니다. 이 질문들을 어린이들과 나누면서 어린이들 스스로 말씀을 생각하고 느끼게 합니다.

- 하나님께서는 왜 흙으로 사람을 만드셨을까요?
- 하나님께서는 사람을 어떻게 움직이게 하셨을까요?
- 하나님께서는 누구를 닮은 모습으로 사람을 만드셨을까요?
- 나는 누가 만드셨을까요?
- 하나님께서 나를 만든 것이 기쁜가요?
- 하나님께서 나를 만들었기 때문에 내가 하나님께 중요하다는 사실을 아나요?
- 하나님께서 나를 얼마나 사랑하는지 아나요?

▶ **소그룹 활동**

1. **예수님과 춤을(인형 만들기)**

- ■ 활동목표 : 하나님께서 특별한 계획을 가지고 나를 만드셨음을 압니다.
- ■ 준 비 물 : 교회학교용 교재 15쪽, 색연필, 투명 테이프, 빨대 또는 나무젓가락

■ 활동방법 : 1) 교회학교용 교재 15쪽의 예수님과 아이 그림을 떼어 준비합니다.

　　　　　　2) 예수님 그림 뒤에 빨대를 붙입니다.

　　　　　　3) 예수님 손과 아이의 손을 마주 붙여 '예수님에게 사랑받는 나의 모습'을
　　　　　　　 표현하고 이야기 나눕니다.

　　　　　　4) 빨대를 움직이며 예수님과 춤을 추는 모습을 표현합니다.

 하나님, 나를 만들어 주셔서 감사해요!

2. 누구일까요?

■ 활동목표 : 하나님께서는 우리 각각을 모두 다르게, 귀하고 멋지게 만드신 분이심을 알고
　　　　　　찬양합니다.

■ 활동방법 : 1) 아이들을 모이게 해서 알아맞히기 게임을 합니다. 선생님이 아이들의
　　　　　　　 특징을 이야기하면 아이들은 누구를 말하는 것인지 알아맞히는 방식입니다.
　　　　　　　 예) "오늘 나는 특별한 친구를 만드신 하나님을 찬양해요. 그 친구는 이 방에
　　　　　　　　　 있어요. 긴 머리를 분홍색 방울로 묶고 있고, 흰색 스타킹을 신고
　　　　　　　　　 있지요. 이 친구는 누구일까요?"

　　　　　　2) 아이들이 누구인지 알아맞히면 이 친구를 창조하신 하나님을 다같이
　　　　　　　 찬양합니다.

　　　　　　3) 아이들 하나하나를 이렇게 묘사하며 알아맞히게 하고 하나님을 찬양합니다.
　　　　　　　 이때 대상에 선생님 자신도 꼭 포함시킵니다.

　　　　　　4) 게임이 끝나면 우리 각자를 비슷하게, 또
　　　　　　　 다르게 만드신 하나님의 멋진 방법을
　　　　　　　 강조하기 위해 아이들 생김새의 특징을
　　　　　　　 이야기하면서 정리해 보십시오.

　　　　　　　 정리의 예) "우리 친구들의 모습은 각각
　　　　　　　　　　　　 특징이 있어요. 우리는 모두
　　　　　　　　　　　　 눈이 두 개, 코는 한 개, 입도 한
　　　　　　　　　　　　 개…… 이렇게 같은 점도
　　　　　　　 있지만 생김새는 각자 다 달라요. 하나님께서 이렇게 우리를 서로
　　　　　　　 다르게 만드신 이유는 우리 한 사람 한 사람을 특별하게
　　　　　　　 사랑하시기 때문이에요. 우리를 비슷하지만 다르게 만드신
　　　　　　　 하나님을 찬양해요. 하나님께서 모든 사람을 만들어 주셨기
　　　　　　　 때문에 나도 귀하지만 다른 사람도 귀하다는 사실을 늘 잊지 않는
　　　　　　　 친구들이 되길 바래요."

3. 풍선 얼굴 만들기

■ 활동목표 : 하나님께서 우리 각각을 모두 부족한 것 없이 특별하게 만들어 주심을 찬양합니다.

■ 준 비 물 : 풍선(어린이 수만큼), 매직펜

■ 활동방법 : 1) 아이들에게 풍선을 나눠주고 풍선에 매직으로 눈, 코, 입 등을 예쁘게
그리게 해서 얼굴을 꾸밉니다.

2) 꾸민 풍선을 불면 얼굴이 커지면서 아이들이 꾸민 얼굴이 우스꽝스럽게
변하게 됩니다.

3) 아이들 얼굴과 풍선의 얼굴을 서로 비교해 보게 하면서 하나님께서 아이들
하나하나를 얼마나 특별하고 멋지게 창조하셨는지 강조하면서 정리해
보십시오.

정리의 예) "우리가 처음 풍선에 얼굴을 꾸밀 때는 정말 멋지고 예쁘게
꾸몄지만 풍선에 바람을 불어 넣으니 얼굴이 웃기고 이상하게
변하고 말았어요. 이처럼 우리는 멋지게 풍선 얼굴을 만들어 보려
했지만 생각처럼 잘 되지는 않았어요. 그러나 우리 하나님께서는
친구들을 너무나 멋지고 특별하게 만들어 주셨어요. 우리처럼
실수도 하지 않으셨어요. 하나님께서는 완전한 분이기
때문이에요. 우리 모두를 이렇게 멋지고 아름답게 만들어 주신
하나님을 찬양해요."

4. 이만큼 컸어요

■ 활동목표 : 아이들이 자라며 어떻게 모습이 변해 왔는지 말해보고, 하나님께서 아이들의
모든 성장을 주관하셨음을 알게 합니다.

■ 준 비 물 : (지난주에 미리 광고하여 가져온) 아이들의 아기 때 사진

■ 활동방법 I

1) 아이들이 가져온 아기 때의 사진을 '창조 탁자' 에 전시합니다.

2) 아이들에게 자신이나 다른 아이들의 사진을 찾아보게 합니다. 사진에 관해
이야기를 나누면서 하나님께서 우리를 조그만 아기로 만드셨다가 이제
건강하고 활동적인 어린이로 자라나게 해 주셨다는 굉장한 진리를
강조합니다.

■ 활동방법 II

1) 아이들이 창조 탁자에 전시했던 아기 때의 사진을 찾아오면 선생님이 모두 모아 두었다가 한 장씩 보여 주면서 어떤 친구의 어릴 적 모습인지 알아맞혀 보도록 합니다.

2) 사진에 관해 이야기를 나누면서 하나님께서 우리를 조그만 아기로 만드셨다가 이제 건강하고 활동적인 어린이로 자라나게 해 주셨다는 굉장한 진리를 강조합니다.

   진행의 예) • "아기였던 친구들은 자라면서 어떻게 변했나요? 몸은 어떻게 변했나요?"

   • "자라면서 어떤 것들을 배웠나요?"

   • "말하는 것과 생각하는 것은 얼마나 자랐나요?"

   • "우리를 이만큼 자라게 해 주신 분은 누구인가요?"

▶ 간식　　　어린이들의 영양을 고려한 간식을 준비합니다.

 다함께 모여요

▶ 대그룹 활동

1. 여기여기 모여라!

■ 활동목표 : 여러 질문을 통해 아이들 각자의 취향을 알아보고 하나님께서 우리 모두를 생김새뿐만 아니라 각자의 취향까지도 다르고 특별하게 만들어 주셨음을 알고 감사드립니다.

■ 준 비 물 : 경쾌한 음악, 여러 가지 스티커

■ 활동방법 : 1) 음악에 맞춰 자유롭게 예배실 안을 걷게 합니다

　　　　　　 2) 음악이 멈추면 인도하는 선생님이 어린이들의 취향을 알 수 있는 질문을 외칩니다.

　　　　　　 예) "노란색 자동차를 좋아하는 아이는 ○○○ 선생님 앞으로 모여라!" /

　　　　　　　　 "빨간 자동차를 좋아하는 아이는 △△△ 선생님 앞으로 모여라!"

3) 아이들은 자신이 좋아하는 쪽으로 달려가서 선생님께 스티커를 받아 얼굴이나 손, 몸 등에 붙입니다.

4) 음악이 시작되면 다시 예배실 안을 걷습니다.

5) 음악이 멈추면 진행자가 다른 질문을 하고, 어린이들이 모일 때마다 스티커를 붙여 줍니다.

　　예) "사과를 좋아하는 아이는 여기 모여라!" / "포도를 좋아하는 아이는 여기 모여라!"

　　　　"돈까스를 좋아하는 아이는 여기 모여라!" / "자장면을 좋아하는 아이는 여기 모여라!"

6) 이렇게 몇 가지 활동을 하다보면 아이들 스스로 자신이 무엇을 좋아하는지 돌아볼 수 있게 됩니다.

7) 서로의 스티커를 살펴봄으로써 아이들은 취향이 각기 다르다는 것을 깨닫게 됩니다.

8) 진행자는 아이들에게 하나님께서는 각자의 생김새는 물론 성격이나 좋아하는 것도 모두 다르게 만들어 주셨음을 알려 주고, 하나님께 감사 찬양을 드립니다.

> **선생님, 잠깐만요!**
>
> 어린이들의 질문에 따라 스티커를 나눠줄 때 각자의 질문에 따라 각기 다른 스티커를 준비하십시오. 예를 들어 사과를 좋아하는 어린이에게는 빨간 스티커를, 노란 자동차를 좋아하는 어린이에게는 노란 스티커를 붙여 주는 방법으로 활용하면 됩니다. 시중에 판매되는 스티커를 사용하거나 라벨 용지에 어린이의 취향을 적어 붙여 주는 방법을 활용하면 간편하게 활동할 수 있습니다.

➡ 마음에 새겨요　회상하기 질문을 통해 어린이들은 오늘 배운 성경 말씀을 삶에 적용할 수 있습니다.

- 나는 누가 만드셨나요?
- 하나님께서는 나를 누구와 닮은 모습으로 만드셨나요?
- 일주일 동안 거울에 비친 나를 보며 무슨 마음을 가지면 좋을까요?
- 나를 만드신 하나님께서 내게 무슨 말씀을 하고 계신가요?

➡ 기　　도　나를 특별하고 멋지게 만들어 주신 하나님! 이번 한 주도 우리를 지켜 주실 것을 믿어요. 언제나 나를 보고, 친구들을 보며 하나님을 생각하게 해 주세요. 예수님 이름으로 기도합니다. 아멘.

➡ 광　　고　가정용 교재로 오늘 배운 성경 이야기를 집에서 복습하도록 광고해 주십시오.

➡ 마침인사　샬롬 노래를 부르며 집으로 돌아갑니다.

하나님, 제 몸을 주셔서 감사해요

성 경	창세기 1장 26−28절, 2장 1−7절, 시편 139편 13−14절
암 송	내가 주께 감사하옴은 나를 지으심이 심히 기묘하심이라(시편 139 : 14)
포인트	하나님, 많은 일을 할 수 있는 신기하고 놀라운 제 몸을 주셔서 감사합니다.

▣ 이 과의 목표

믿음의 성숙 (교사와 어린이)

• 하나님께서 놀라운 방법으로 우리 몸을 만드신 것에 대해 감사드립니다.

• 하나님께서 우리 각자를 모두 다르게 만드신 것에 감탄합니다.

• 우리 몸 전체로 하나님을 찬양합니다.

성경에 대한 이해 (어린이)

• 하나님께서 아담을 어떻게 만드셨는지 설명할 수 있습니다.

• 우리 몸의 각 부분은 어떤 일을 할 수 있는지 이야기해 봅니다.

• 하나님께서 우리 모두를 다른 사람들과 다르게 만든 이유에 대해 생각해 봅니다.

믿음의 본보기 (교사)

선생님 반의 어린이 한 사람 한 사람을 만드신 하나님께 감사드립니다.

▣ 한눈에 보는 오늘의 예배

순 서	소요시간	활동계획
유치부에 왔어요	예배 전	반가워요 · 마음 열기
예배드려요	35−40분	찬양 · 기도 성경 봉독 · 성경 이야기
우리 반에 모여요	15−20분	출석 확인 · 이야기나누기 소그룹 놀이 활동(우리의 몸 속에는? 외 3 중 택일)
다함께 모여요	10분	대그룹 놀이 활동(몸으로 찬양하기 외 1 중 택일) 마음에 새겨요 · 광고 · 마침 인사

＊ 위의 순서는 각 교회학교의 사정에 따라 다르게 진행될 수 있습니다.

▣ 이 과를 준비하는 선생님들께

지난 시간 우리는 최초의 사람인 아담과 하와가 등장하는 창세기 1장에 대해 살펴보았습니다.

오늘 본문 말씀에서 시편 기자는 "주께서 내 장부를 지으시며 나의 모태에서 나를 조직하셨나이다 내가 주께 감사하옴은 나를 지으심이 신묘막측하심이라 주의 행사가 기이함을 내 영혼이 잘 아나이다"(시 139 : 13 - 14)라고 말합니다. 시편 기자가 하나님의 일 가운데서도 특별히 우리의 몸에 대해 얼마나 관심을 기울였는지 주목하기 원합니다. 하나님께서는 우리의 몸에 대해 관심을 가지셨습니다. 우리 몸을 디자인하여 창조하고 유지시켜 주신 분이 바로 하나님이십니다.

우리의 몸은 여러 가지 기능을 가지고 있습니다. 우리 몸은 오감을 통해 정보를 받아들이면서 주변 환경에 반응합니다. 우리의 두뇌는 사고 능력을 통해 정보를 처리하고, 우리의 마음은 정보에 의미를 부여합니다. 그 의미는 우리로 하여금 생각하게 하고, 평가하게 하고, 아름다움을 감상하게 하고, 감탄하게 하며, 어떤 것을 갈망하게 하며, 상상하게 하고, 느끼게 하며, 사랑하게 하고, 찬양하게 합니다.

우리 몸은 음식을 받아들이고 처리하고, 영양분을 에너지로 전환하며 노폐물을 배출합니다. 이 기능은 또한 마음이나 정신과 관련을 맺고 있기 때문에 각 과정에 대한 태도가 모두 다릅니다. 우리는 친교를 나누면서 함께 먹지만, 대소변은 혼자서 처리합니다.

여자와 남자의 몸은 다릅니다. 다름을 통해 서로 깊은 소통과 교류를 경험하라는 하나님의 직접적인 의도가 들어 있습니다. 육체적, 정서적, 영적으로 '한 몸'을 이루는 특권을 가진 남편과 아내 사이에서 소통은 가장 친밀한 표현에 이릅니다. 이런 몸의 표현을 통해 우리는 바울이 말한 그리스도와 교회 사이 관계에 대한 통찰(엡 5장)을 얻을 수 있을 것입니다.

앞 과에서 다루었듯이 아이들은 자신의 몸을 이용하는 구체적인 방법을 배웁니다. 보고 듣고 만지고 맛보고 냄새 맡는, 오감을 통해 세상에 대한 지식을 얻습니다. 이러한 초기의 직접적인 경험은 아이들의 성장 과정에서 언어와 감정 표현, 정서, 사고, 상징 등에 영향을 끼치고, 그것을 통해 아이들은 그들 자신이나 세계, 우주, 하나님에 관해 이해하게 됩니다.

이번 과의 목적은 하나님을 찬양하는 것입니다. 하나님께서는 우리가 가진 모든 것을 다해 경배하고 찬양하길 원합니다. 우리 존재의 마음, 영혼, 정신, 몸, 힘, 자아 등의 여러 가지 측면을 하나님을 찬양하고 영화롭게 하기 위한 데에 사용하여야 합니다. 그러므로 사도 바울은 "너희 몸을 하나님이 기뻐하시는 거룩한 산 제사로 드리라 이는 너희의 드릴 영적 예배니라"(롬 12 : 1)고 말합니다.

이번 과에서 하나님께 드리는 찬양에는 달리고, 깡충깡충 뛰고, 손뼉치고, 무엇을 들어올리는 등의 활발한 동작이 포함되어 있습니다. 선생님 반에 이런 활동에 참여하기 어려운 장애를 가진 아이가 있다면 특별히 배려하시기 바랍니다. 우리 몸으로 하나님을 찬양하는 데에는 다양한 표현 방법이 있는데, 하나님께서는 어떤 모양의 찬양이든 기뻐하신다는 것을 아이들이 알아야 합니다. 몸에 대해 배우며 하나님께 찬양할 때 아이들은 자신이나 자기 반에 있는 친구가 누구인지, 그리고 무엇을 할 수 있는지 이해하게 될 것입니다. 하나님께서는 우리 모두가 위대한 창조주를 사랑하고 찬양할 수 있게 만드셨습니다.

이번 과의 목적은 아이들이 그들의 작은 손, 작은 발과 입, 예쁜 귀와 조그만 눈, 그들이 가진 모든 것으로 하나님을 찬양할 수 있도록 돕는 데에 있습니다!

 ## 유치부에 왔어요

▶ 반가워요   어린이들과 뺨을 대고 인사하면서 반갑게 맞아 줍니다. 이때 어린이들이 그동안 많이 자라고 성숙했음에 감탄하는 말로 용기를 줍니다.

예) • "겨울에 유치부에 처음 왔을 땐 이만하더니 벌써 이렇게 키가 컸구나!"
  • "처음에 유치부에 와서 선생님과 악수할 때는 손이 무척 작았는데, 지금은 손도 커지고 힘도 세졌구나!"
  • "처음에 유치부에 올 때는 혼자서 오지 못했는데 이제는 혼자 올 수 있게 되었구나! 형아가 되었네." 등

▶ 마음 열기   예배실의 벽에 전지를 붙여 둡니다. 이때 전지는 어린이들의 상반신 정도 높이에 붙여 둡니다. 어린이들이 전지에 자신의 몸을 밀착시켜 두 손을 높이 들고 하나님을 찬양하는 포즈를 취하면, 선생님은 색연필로 어린이를 대고 그린 후 모양대로 색칠하여 꾸밉니다. 이렇게 몸으로 하나님을 찬양하는 여러 어린이들의 그림을 완성합니다. 또 예배실 한쪽에는 우리 몸이 하는 일에 관련된 동화책을 배치하여 어린이들이 오늘 배울 말씀과 관련하여 읽을 수 있도록 도와주십시오.

예배 드려요

➡ 찬　　양　　주 우리 아버지　　　　　　　　　　• 눈눈눈 성경 보고요
　　　　　　　키도 쑥쑥 몸도 튼튼　　　　　　　• 올라간 눈 내려온 눈
　　　　　　　이 모든 것을 하나님이 주셨네　　　• 하나님 아버지 감사합니다
　　　　　　　통통통　　　　　　　　　　　　　• 손을 높이 들고
　　　　　　　나의 발은 춤을 추며

➡ 기　　도　　멋진 세상을 만드신 하나님! 많은 일을 할 수 있는 신기하고도 멋진 제 몸을 만들어 주셔서 감사
　　　　　　　합니다. 오늘 우리들이 드리는 예배를 기쁘게 받아 주세요. 예수님 이름으로 기도합니다. 아멘.

➡ 성경봉독　　이것은 성경(두 손을 모읍니다.)　　　　　　활짝 펴요.(책을 펴듯이 펼칩니다.)
　　　　　　　시편 139편 13-14절 말씀.　주께서 내 장기를 지으셨고 내 어머니의 모태에서 나를 만드셨습
　　　　　　　니다. 내가 주를 찬양합니다. 주께서 나를 경이롭게, 멋지게 지으셨습니다. 주의 작품은 정말 놀
　　　　　　　랍습니다. 내 영혼이 너무나 잘 알고 있습니다.

➡ 들어가기　　찰흙으로 만든 굽지 않은 그릇을 보여 주며 무엇으로 만들었는지 물어봅니다. 오늘은 하나님께
　　　　　　　서 이 흙으로 아주 특별하게 만드신 사람의 이야기를 들려주겠다고 합니다. 성경을 펴서 이 말씀
　　　　　　　이 성경에 있다는 것을 알게 합니다.

☼ 성경 이야기

태초에 하나님께서 하늘과 땅을 창조하셨어요. (커다란 원을 만든다.)
물줄기들이 땅속에서 흘러나와 지면을 적셨지요. (위에서 손을 물이 흐르는 것같이 움
직인다.)
어떤 곳의 땅은 건조하고 모래뿐이었어요. (원의 한 부분 위를 모래를 고르듯 문지른다.)
다른 곳은 진흙처럼 촉촉하고 부드러웠어요. (원의 다른 쪽 위에 손을 올리고 손가락으
로 진흙을 만지작거리는 것 같은 시늉을 한다. 그리고 뒤로 기대앉아 가만히 있는다.)
하나님께서는 진흙 옆에 앉으셨어요. (무릎을 꿇고 원 가까이 간다.)
하나님께서는 축축하고 질척거리는 진흙을 손 위에 올려놓으셨어요. (진흙을 꺼내 아

이들에게 보여 준다.)

그리고 흙으로 사람을 빚으셨어요. (진흙으로 사람 모양을 만들기 시작한다.)

사람의 코에 생기를 불어넣으셨어요. (진흙으로 만든 형체를 구부려 앉힌다.)

남자인 아담은 살아 있는 존재가 되었어요. 숨쉬고, 걷고, 눈으로 바라보고, 귀로 듣고, 손가락으로 물건을 만질 수 있었어요.

하나님께서는 아담에게 놀라운 몸을 주셨어요. (뒤로 기대 앉아 감탄하는 듯한 표정으로 진흙으로 만든 사람을 바라본다.)

그리고 하나님께서 아담을 보시니 보시기에 매우 좋았어요.

하나님께서 주신 몸으로 무엇을 할 수 있을까요?

(여러 가지 몸을 통해 할 수 있는 그림을 보여 준다. 그림에 나와 있는 행동을 따라 해 볼 수 있도록 한다.)

(먹는 그림을 보여 준다.) 먹을 수 있어요. (먹는 것을 흉내 내 본다.)

(깡충깡충 뛰는 것, 물건을 드는 것, 웃고, 말하고, 손뼉 치며, 찡그리고, 춤추는 것, 공 던지고, 잠자고, 껴안고, 헤엄치며, 노래하며, 악기를 연주하며, 기도하고, 말씀 듣는 등 우리 몸이 할 수 있는 멋진 일들을 보여 주며 행동할 수 있게 해 본다.)

하나님께서 우리 몸을 만드셨어요. 몸은 많은 멋진 일들을 할 수 있어요. 그 중에서도 우리는 우리의 온 몸을 다해 하나님을 경배하고 찬양해야 해요. 우리 몸을 만드신 놀라우신 하나님을 찬양합니다!

선생님, 잠깐만요!

• 하나님께서 사람을 만드신 과정을 마임으로 표현해도 좋아요.
• 몸이 할 수 있는 일을 교사와 아이들이 직접 해 볼 수도 있습니다.

 우리 반에 모여요

➡ **출석 확인**   어린이들이 자신의 출석표에 표시하도록 시간을 주십시오.

(인물 표정 스티커를 나눠 주는 것도 좋은 방법입니다.)

➡ **이야기 나누기**   하나님의 말씀을 다시 한 번 생각하며 이해하도록 돕는 질문들입니다. 이 질문들을 어린이들과 나누면서 어린이들 스스로 말씀을 생각하고 느끼게 합니다.

- 하나님께서는 이렇게 놀라운 인간의 몸을 어떻게 만드셨을까요?
- 하나님께서는 어떻게 눈으로 볼 수 있게, 귀로 들을 수 있게, 팔과 다리를 움직일 수 있게 만드셨을까요?
- 아담은 어떻게 생겼을까요?
- 이런 멋지고 건강한 몸을 가지게 된 아담은 기분이 어땠을까요?
- 하나님께서 주신 멋진 몸으로 여러분은 무엇을 하고 싶나요?

➡ **소그룹 활동**

1. 나의 발은 춤을 추고 나의 손은 손뼉치며(찬양 리본 만들기)

- ■ 활동목표 : 하나님께서 만들어 주신 나의 몸으로 하나님을 찬양합니다.
- ■ 준 비 물 : 교회학교용 교재 17쪽, 투명 테이프, 빨대
- ■ 활동방법 : 1) 찬양 리본을 선대로 떼어 빨대에 붙여 준비합니다.
  2) 찬양 리본을 들고 나의 몸을 주신 하나님을 찬양합니다.
  3) 나의 온 몸을 이용해서 하나님을 찬양하도록 합니다.
  두 발 모아 찬양해요.
  손을 위로 흔들고 손뼉 치며 찬양해요.
  엉덩이를 실룩거리며 찬양해요.
  입은 기뻐 찬양해요. ♪

 나의 몸을 만들어 주신 하나님을 찬양해요!

2. 나는 하나님의 걸작품

- ■ 활동목표 : 몸을 만들면서 각 부분의 역할을 알고, 하나님께서 몸의 각 부분을 독특하게 만드셨음을 알고 감사드립니다.
- ■ 준 비 물 : 신체 각 부분을 그려 오린 두꺼운 종이, 색연필, 가위, 펀치, 할핀
- ■ 활동방법 : 1) 얼굴, 몸, 팔, 손, 다리, 발을 각각 두꺼운 종이에 따로따로 그려 잘라냅니다.
  2) 잘라낸 두꺼운 종이를 할핀으로 연결하여 사람을 만듭니다.
  3) 색연필로 머리카락, 눈, 코, 입 등을 꾸밉니다.
  4) 우리 몸에서 관절 및 다른 움직이는 부분에 대해 서로 이야기 나눕니다.
    예) • 나의 머리는 날마다 예수님을 더 알아가게 합니다. 이런 머리를 주신 하나님, 감사해요.

- 나의 손은 불쌍하고 약한 사람을 돕는 손입니다. 이런 손을 주신 하나님, 감사해요.
- 나의 발은 예수님을 모르는 사람을 찾아갑니다. 이런 발을 주신 하나님, 감사해요.

3. 철봉하는 인형

- ■ 활동목표 : 사람의 모양을 창의적으로 꾸미면서 하나님께서 사람의 소근육 하나하나까지도 독특하게 창조하셔서 움직일 수 있음을 감사드립니다.
- ■ 준 비 물 : 색종이, 주름 빨대, 가위, 셀로판테이프
- ■ 활동방법 : 1) 색종이를 반으로 접은 후, 접은 선을 중심으로 좌우 대칭이 되도록 사람 모양을 그립니다.

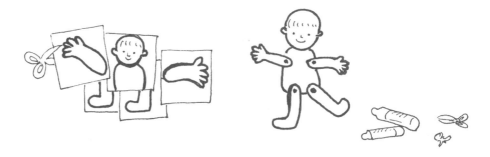

2) 사람 모양을 자른 후 팔의 위치에 주름 빨대를 붙여서 철봉에 매달린 다양한 모습의 사람 인형을 만듭니다.
3) 주름 빨대를 움직이면 인형도 같이 움직입니다. 인형을 움직이며 하나님께서 우리 몸을 움직일 수 있도록 뼈와 관절과 근육 등을 주셨음을 알려 주고, 하나님께 감사드립니다.

예) "이것을 보세요. 이 인형은 빨대 덕분에 움직일 수 있어요. 우리 몸은

→ 팔길이를 '꼭' 머리보다 길게 위로 올린다.

어때요? 하나님께서는 우리 몸이 마음대로 움직일 수 있도록, 지탱해 주는 뼈와 뼈 마디마디를 연결하는 관절과 움직여도 불편하지 않도록 근육을 덧입혀 주셨어요. 놀랍지 않나요? 우리에게 뼈와 관절과 근육을 주셔서 마음대로 움직일 수 있게 해 주신 하나님께 감사드려요."

끼운다.

셀로판테이프로 고정시킨다.

빨대를 돌린다.

4. 스펀지 사람

- 활동목표 : 사람의 모양을 창의적으로 꾸미면서 하나님께서 사람의 소근육 하나하나까지
  도 독특하게 창조하셔서 움직일 수 있음을 감사드립니다.
- 준 비 물 : 라텍스 스펀지, 가위, 사인펜이나 매직
- 활동방법 : 1) 스펀지를 준비하여 사람 모양으로 오려 냅니다.
  2) 어린이들은 사람 스펀지에 사인펜이나 매직으로 눈, 코, 입, 옷, 신발 등을
  그립니다.
  3) 스펀지를 뭉쳤다가 놓아 보면 스펀지의 탄력성 때문에 사람 모양이 늘
  유지됩니다.

> 선생님, 잠깐만요!
>
> 이 활동은 아이들이 어릴수록 더 좋아합니다. 활동을 마친 후에 아이들이 집에 가져가게 하세요. 집에서 목욕 스펀
> 지로 활용하기에도 매우 좋답니다.

➡ 간식   어린이들의 영양을 고려한 간식을 준비합니다.

 다함께 모여요

➡ 대그룹 활동

1. 머리 어깨 무릎 발

- 활동목표 : 노래에 맞춰 율동하면서 자기의 몸의 각 부분을 통해 하나님께 감사와 찬양을
  드립니다.
- 활동방법 : 1) 노래 가사에 맞추어 율동을 합니다.
  2) 노래가 익숙해지면 머리, 어깨, 무릎, 발의 순서대로 한 번씩 노랫말을
  빼면서 불러 봅니다(○○ 부분은 말을 하지 않고 신체에 해당되는 부분을 짚도록
  합니다).
  예) • ○○ 어깨 무릎 발
  • 머리 ○○ 무릎 발

- 머리 어깨 ○○ 발
- 머리 어깨 무릎 ○

2. 돌아돌아

- 활동목표 : 노래에 맞춰 율동하면서 자기의 몸의 각 부분을 통해 하나님께 감사와 찬양을 드립니다.
- 활동방법 : 1) 아이들이 서로 짝을 지어 다음과 같이 노랫말에 맞추어 움직입니다.

  어깨 치고 어깨 치고 짝짝짝

  어깨 치고 어깨 치고 짝짝짝

  돌아 돌아 돌아 돌아 짝짝짝

  돌아 돌아 돌아 돌아 짝짝짝

  2) "어깨 치고 어깨 치고" 부분은 아이들이 서로의 어깨를 가볍게 두 번 칩니다.

  3) "짝짝짝" 부분은 서로의 손바닥을 가볍게 세 번 칩니다.

  4) "돌아돌아" 부분은 서로의 팔짱을 끼고 한 바퀴 돕니다.

3. 신체 마주대기

- 활동목표 : 친구들과 자기 몸의 각 부분을 마주 대면서 하나님께서 친구들의 몸을 각각 다르고 특별하게 만들어 주셨음을 압니다.
- 준 비 물 : 호루라기 또는 탬버린(신호용)
- 활동방법 : 1) 어린이들을 두 팀으로 나눕니다.

  2) 두 개의 동심원을 만들어 안쪽 원과 바깥쪽 원의 아이들이 서로 마주보고 서게 합니다.

  3) 찬양을 부르면서 두 원이 각각 반대 방향으로 돌게 합니다.

  4) 찬양과 함께 돌다가 진행자가 멈춤 신호를 하면 일단 멈춥니다.

  5) 멈춰 섰을 때 마주 보는 어린이가 서로 짝이 됩니다.

  6) 진행자가 "무릎과 무릎!", "팔과 팔!", "등과 등!" 등의 명칭을 말하면 짝꿍은 신체 부위를 서로 마주 닿게 하면서 서로의 신체 부위의 비슷한 점과 다른 점을 살펴보게 합니다.

  7) 새로운 친구와 번갈아 가면서 활동을 하도록 합니다.

➡ 마음에 새겨요 회상하기 질문을 통해 어린이들은 오늘 배운 성경 말씀을 삶 속에서 적용할 수 있도록 도움 받을 수 있답니다.

- 나는 누가 만드셨나요?
- 하나님께서 만들어 주신 내 몸으로 나는 무엇을 할 수 있나요?
- 하나님께서 주신 몸으로 일주일 동안 무엇을 하고 싶나요?
- 나의 몸을 만드신 하나님께서 나에게 무엇이라고 말씀하시나요?

➡ 기 도 내 몸과 친구의 몸을 특별하고 멋지게 만들어 주신 하나님! 이번 한 주도 우리를 지켜 주실 것을 믿어요. 내 몸을 움직일 때마다 하나님께 감사하며 찬양하게 해 주세요. 예수님 이름으로 기도합니다. 아멘.

➡ 광 고 가정용 교재로 오늘 배운 성경 이야기를 집에서 복습하도록 광고해 주십시오.

➡ 마침인사 · 샬롬 노래를 부르며 집으로 돌아갑니다.

샬롬 샬롬 선생님 샬롬 샬롬 친구들
다음 주에 다시 만나 예배드리자
샬롬 샬롬 샬-롬

9 하나님, 제게 오감을 주셔서 감사해요

성 경	창세기 1장 26-28절, 창세기 2장 1-7절, 시편 139편 13-14절
암 송	내가 주께 감사하옴은 나를 지으심이 심히 기묘하심이라(시편 139 : 14)
포인트	하나님, 우리가 보고 듣고 냄새 맡고 맛보고 느낄 수 있게 해 주셔서 감사합니다.

◉ 이 과의 목표

믿음의 성숙 (교사와 어린이)

- 우리를 창조하고 오감을 주신 하나님께 감사드립니다.
- 우리의 감각을 모두 이용해 하나님의 세계를 탐구해 봅니다.
- 우리가 오감을 이용해 발견할 수 있는 모든 것에 대해 하나님을 찬양합니다.

성경에 대한 이해 (어린이)

- 하나님의 세계를 알아가기 위해 우리의 감각을 어떻게 활용할 수 있는지 말하고 행동해 봅니다.
- 듣지 못하거나 보지 못하면 어떨지 말해 봅니다.
- 우리가 좋아하는 냄새와 맛과 촉감에 대해 말해 봅니다.

믿음의 본보기 (교사)

우리가 가진 오감을 통해 하나님의 세계를 경험할 때 느끼는 놀라움을 표현하세요.

◉ 한눈에 보는 오늘의 예배

순 서	소요시간	활동계획
유치부에 왔어요	예배 전	반가워요 · 마음 열기
예배드려요	35-40분	찬양 · 기도 성경 봉독 · 성경 이야기
우리 반에 모여요	15-20분	출석 확인 · 이야기나누기 소그룹 놀이 활동(감각 기관 표시하기 외 3 중 택일)
다함께 모여요	10분	대그룹 놀이 활동(목소리 알아맞히기 외 1 중 택일) 마음에 새겨요 · 광고 · 마침 인사

* 위의 순서는 각 교회학교의 사정에 따라 다르게 진행될 수 있습니다.

◙ 이 과를 준비하는 선생님들께

지난 과에서 우리는 하나님께서 만드신 우리의 몸이 얼마나 놀랍고 멋진 것인지에 대해서 생각해 보았습니다.

앞에서도 언급했지만 선생님 반의 어린이들은 아직 구체적인 것 외에는 생각하기 어려운 시기에 있습니다. 어린이들의 정신은 추상적인 사고의 과정이 아니라(이것이 발달하고 있기는 하지만), 감각이나 그들 주변의 구체적인 세계에 대한 경험을 통해 정보를 모읍니다. 이런 식으로 정신이 형성되면서 언어에 대한 감각도 발달하고 다양해집니다. 그리고 더 나아가 어린이들은 우리가 감각을 통해서는 직접 느낄 수 없는 것을 이해하도록 돕는 언어적 은유나 직유와 같은 개념을 의식적으로 이해할 수 있게 됩니다.

성경에는 은유적인 표현이 많습니다. 성경은 우리의 신체나 오감 등을 통해 우리가 하나님을 이해하는 데 도움을 주려 합니다. 우리가 경험하는 세계의 언어가 아니면 인간이 어떻게 하나님을 이해할 수 있겠습니까? 이런 이유로 예수님은 우리가 쉽게 접할 수 있는 일상의 이야기를 통해 하나님의 나라를 설명하셨습니다. 하나님의 나라는 겨자씨와 같고, 값비싼 진주와 같으며, 씨 뿌리는 사람과 같다고 말씀하셨지요.

이제 선생님 반의 어린이들이 오감을 통해 우리 몸의 신비로움을 알게 되기 원합니다. 이것이야말로 세계와 자기 자신에 대해 배우고 탐험하는 방법이기 때문입니다. 우리는 놀라운 방법으로 우리를 창조하신 하나님을 찬양합니다.

성경에는 은유적인 표현이 많습니다. 성경은 우리의 신체나 오감 등을 통해 우리가 하나님을 이해하는 데 도움을 주려 합니다. 하나님의 손에 관해 이야기하는 것은 우리가 손을 가지고 있기 때문에 의미를 가집니다. 손은 일하는 능력, 힘을 의미합니다. 손은 또한 폭력과 고통, 상처를 의미하기도 합니다. 이제 선생님 반의 어린이들이 오감을 통해 우리 몸의 신비로움을 알게 되기 원합니다. 이것이야말로 세계와 자기 자신에 대해 배우고 탐험하는 방법이기 때문입니다.

우리는 하나님의 손이 우리를 창조하셨다고 고백합니다. 그렇다면 하나님의 손은 무엇을 뜻하는 것일까요? 하나님께서는 육체가 아닌 영이십니다. 그런데도 성경은 하나님의 손에 관해 자주 언급합니다.

하나님의 손에 관해 이야기하는 것은 우리가 손을 가지고 있기 때문에 의미를 가집니다. 손은 일하는 능력, 힘을 의미합니다. 손은 또한 폭력과 고통, 상처를 의미하기도 합니다.

지상에 있는 우리 몸과 정신은 우리가 경험하는 한계 안에 있습니다. 이 때문에 우리는 우리 주변에 있는 것들과 우리가 사용하는 언어를 통해 하나님을 이해할 수 있습니다. 이런 말과 생각이 하나님의 존재와 하나님께서 하신 모든 일들을 분류하고 기억하는 데 도움을 줍니다.

그런데 우리는 육체를 통해 하나님에 대한 지식을 얻을 수도 있습니다. 선생님의 손에 대해 생각해 볼까요? 그것을 새롭게 바라보고 느껴 보세요. 선생님의 손이 무엇을 하는지 생각해 보세요. 하나님의 형상이 우리 손의 모양과 기능에 어떻게 나타나는지 생각하면서 손을 움직여 보세요. 우리는 하나님을 마음으로뿐 아니라 우리 몸 전체를 통해 알 수 있습니다.

어린이들은 자신들의 감각을 사용하는 것을 즐거워합니다. 어린이들이 흥분하는 것을 보면서 어른들도 보고 듣고 만지고 맛보고 냄새 맡을 수 있는 것에 대해 어린아이 같은 기쁨을 되살릴 수 있을 것입니다.

이번 성경 공부의 핵심은 어린이들이 자신들이 가진 오감에 대해 기뻐하고 이 멋진 선물을 주신 하나님을 찬양하게 하는 것입니다.

선생님 반에 잘 보지 못하거나 듣지 못하는 어린이가 있다면 오늘의 말씀은 더 많은 도움이 될 것입니다. 한 가지 감각을 잃어버릴 때 다른 감각들이 예민해진다는 것을 어린이들은 배우게 될 것입니다. 그뿐 아니라 우리가 서로 돌보아야 한다는 사실을 아이들은 깨달을 것입니다.

만약 선생님의 반에 장애를 가진 어린이가 있다면 어린이들이 자신의 장애에 대해 무척 예민하므로 이 주제를 아주 조심스럽게 다루어야 합니다.

이번 과를 통해서 어린이들은 하나님께서 우리들을 만드신 방법에 대해 감사하고 하나님을 찬양할 것입니다. 우리 감각의 신비로움에 대해 많이 알게 되면서 어린이들은 그들의 언어로 하나님에 대한 지식을 넓히게 되고 추상적으로 사고하는 힘도 점차 키워가게 될 것입니다.

성경에는 인간의 감각을 통해서 쉽게 이해할 수 있도록 도와주는 말씀들이 많이 있습니다.

> 너희는 여호와의 선하심을 맛보아 알지어다 그에게 피하는 자는 복이 있도다 (시 34 : 8)

> 주의 말씀의 맛이 내게 어찌 그리 단지요 내 입에 꿀보다 더하니이다 (시 119 : 103)

> 내 눈이 항상 여호와를 앙망함은 내 발을 그물에서 벗어나게 하실 것임이로다 (시 25 : 15)

> 종의 눈이 그 상전의 손을 여종의 눈이 그 주모의 손을 바람 같이 우리 눈이 여호와 우리 하나님을 바라며 우리를 긍휼히 여기시기를 기다리나이다 (시 123 : 2)

> 나의 기름 부은 자를 만지지 말며 나의 선지자를 상하지 말라 (시 105 : 15)

> 여호와여 주의 하늘을 드리우고 강림하시며 산들에 접촉하사 연기가 발하게 하소서 (시 144 : 5)

> 내 원수의 보응받는 것을 내 눈으로 보며 일어나 나를 치는 행악자에게 보응하심을 내 귀로 들었도다 (시 92 : 11)

> 귀를 지으신 자가 듣지 아니하시랴 눈을 만드신 자가 보지 아니하시랴 (시 94 : 9)

> 나의 기도가 주의 앞에 분향함과 같이 되며 나의 손드는 것이 저녁 제사같이 되게 하소서 (시 141 : 2)

 # 유치부에 왔어요

➡️ **반가워요**   오늘은 아이들을 맞이하면서 감각과 관련된 인사를 나누십시오. "○○가 깨끗하게 목욕을 하고 왔구나. 좋은 냄새가 난다.", "○○는 교회 오기 전에 사탕을 먹었는가 보다. 달콤한 사탕 냄새가 나네.", "선생님이 오늘 ○○를 기쁘게 해 주려고 좋은 냄새가 나는 샴푸로 머리를 감고 왔는데 맡아볼래?" 하는 식으로 아이들의 감각을 일깨우는 인사를 건네면 아이들은 은연 중에 오늘 배울 오감에 대해 민감한 마음을 가지고 예배에 임하게 될 것입니다.

➡️ **마음 열기**   몸에 관련된 동화책을 비치하여 어린이들이 볼 수 있게 합니다. 한 주 전에 미리 어린이들에게 자기가 가지고 있는 몸에 관련된 동화책을 가지고 오게 하여 서로 돌려가며 읽는 것도 좋은 방법입니다.

예배 드려요

▶ 찬　　양　　눈눈눈 성경 보고요
무얼 할까
통통통
예수님하고 나하고 닮은 곳이 있대요

▶ 기　　도　　멋진 세상을 만드신 하나님! 우리가 보고 듣고 냄새 맡고 맛보고 느낄 수 있게 해 주셔서 감사합니다. 오늘 우리들이 드리는 예배를 기쁘게 받아 주세요. 예수님 이름으로 기도합니다. 아멘.

▶ 성경봉독　　이것은 성경(두 손을 모읍니다.)　　　　　활짝 펴요.(책을 펴듯이 펼칩니다.)
시편 139편 13-14절 말씀.　주께서 내 장기를 지으셨고 내 어머니의 모태에서 나를 만드셨습니다. 내가 주를 찬양합니다. 주께서 나를 경이롭게, 멋지게 지으셨습니다. 주의 작품은 정말 놀랍습니다. 내 영혼이 너무나 잘 알고 있습니다.

▶ 들어가기　　소금과 설탕, 표면이 거친 나무껍질, 부드러운 천, 망원경, 장난감 전화기 등 감각을 통해 느낄 수 있고 알 수 있는 것들을 보여줍니다. 개별적으로 나와서 만져 볼 수 있게 합니다.

¤ 성경 이야기

태초에 하나님께서 땅을 창조하셨어요. (아름다운 세상 그림을 제시한다.)
그리고 첫 번째 사람 아담을 만드셨어요. (아담 그림을 보여 준다.)
하나님께서는 아담이 하나님께서 창조하신 아름다운 세상을 충분히 누리기를 원하셨어요. 그래서 아담이 하나님께서 만드신 멋진 세상을 발견하고 느낄 수 있도록 만들기 원하셨어요. 어떻게 만드셨을까요? (생각에 잠긴 듯 몸을 뒤로 젖혀 앉는다.)
하나님께서는 생각하고 또 생각하셨어요. 그러자 한 가지 좋은 생각이 떠올랐지요. (아름다운 세상의 그림 안에 아담 그림을 집어넣는다.)
하나님께서는 세상의 밝고 부드러운 색을 볼 수 있기를 원하셨어요. 아담이 동물들과 푸른 풀, 파란 하늘, 그리고 예쁜 꽃들을 보았으면 했지요. (그림 속의 꽃을 가리킨다.) 그래서 아담에게 눈을 주셨어요. (얼굴 그림에 눈을 붙인다.)
하나님께서는 사람이 향긋한 꽃향기와 비 내린 후 공기의 신선한 냄새를 맡을 수 있었으면 했어요. 그래서 아담에게 코를 주셨어요. (얼굴 그림에 코를 붙인다.)
하나님께서는 사람이 달콤한 과일, 향기가 가득한 열매들을 맛보기 원하셨어요. 그래서 아담에게 입을 주셨어요. (얼굴 그림에 입을 붙인다.)
하나님께서는 지저귀는 새소리, 흐르는 물 소리와 하나님의 음성을 듣게 하고 싶으셨어요. 그래서 하나님께서는 아담에게 귀를 주셨어요. (얼굴 그림에 귀를 붙인다.)

하나님께서는 사람이 부드러운 동물의 털과 따뜻한 햇살, 시원한 바람과 첨벙거리는 물방울을 느끼게 하고 싶었어요. 그래서 아담에게 몸을 주셨어요. (얼굴 그림 아래에 몸을 붙여 아담을 완성한다.)

눈과 코, 입, 귀, 손과 발은 모두 하나님께서 아담과 그 후에 태어난 모든 사람들에게 주신 축복이에요. (눈을 맞추며 아이들 이름을 불러 준다.)

이 다섯 가지 감각으로 아담과 모든 사람들은 하나님께서 창조하신 멋진 세계를 발견하고 찬양할 수 있었어요. 보고, 듣고, 냄새 맡고, 맛보고, 감촉을 느낄 수 있는 다섯 가지 감각은 하나님께서 우리에게 주신 너무나 멋진 선물이에요. 그리고 그것들은 하나님께서 보시기에 너무너무 좋았어요.

볼 수 있는 눈과 들을 수 있는 귀, 말할 수 있는 입과 냄새 맡을 수 있는 코, 만지고 느낄 수 있는 손과 발을 주신 하나님을 찬양합니다.

우리 반에 모여요

▶ **출석 확인**   어린이들이 자신의 출석표에 표시하도록 시간을 주십시오.

▶ **이야기 나누기**   하나님의 말씀을 다시 한 번 생각하며 이해하도록 돕는 질문들입니다. 이 질문들을 어린이들과 나누면서 어린이들 스스로 말씀을 생각하고 느끼게 합니다.

- 아담이 눈으로 처음 본 것이 무엇일까요?
- 아담이 귀로 처음 들은 소리는 무엇일까요?
- 하나님께서 아담을 창조하셨던 날 아름다운 에덴동산에서는 어떤 향기가 났을까요?
- 아담이 사자의 뻣뻣한 갈기와 독수리의 날카로운 부리와 토끼의 부드러운 털을 만질 수 있었을까요?
- 하나님의 동산에 있는 과일과 열매들은 얼마나 달콤했을까요?
- 여러분이 내 목소리를 듣듯 아담이 하나님의 목소리를 들을 수 있었을까요?
- 하나님이 보고 듣고 맛보고 냄새 맡고 촉감을 느끼게 해 주신 대해 아담이 어떻게 했을까요?
- 하나님께서 이런 선물을 주신 것에 대해 여러분은 얼마나 감사한가요?

➡️ 소그룹 활동

1. 나는 느낄 수 있어요!(감각 기관 표시하기)

- 활동목표 : 나에게 감각을 주신 하나님을 찬양합니다.
- 준 비 물 : 교회학교용 교재 19쪽, 색연필
- 활동방법 : 1) 교회학교용 교재 19쪽의 그림을 보고 알맞은
    감각 기관을 찾아 표시합니다.
  2) 각 감각 기관에서 하는 일과 한 가지 감각 기관만
    이용하는 것이 아니라 다양한 몸을 이용함을
    이야기 나눕니다.

 나에게 감각을 주신 하나님을 찬양해요!

2. 나는 이렇게 느껴요

이 활동은 성경 이야기 시간에 배운 대로 아이들이 자신의 감각을 알아가는 활동입니다. 아이들이 하나씩 감각을 사용하면서 활동을 해 보게 하되, 모든 아이들이 다 참여할 수 있도록 각 활동마다 충분한 시간을 줍니다.

오감을 상징하는 눈(시각), 코(후각), 귀(청각), 입(미각), 손(촉각)의 그림을 각기 다른 쇼핑백에 붙입니다. 쇼핑백 안에는 시각, 청각 등 각 감각을 어떻게 사용하는지 보여 주는 물건들이 들어 있습니다. 아이들을 선생님 주변에 모이게 한 후 이제 하나님께서 주신 오감을 한 번에 한 가지씩 탐구해 보자고 제안합니다. 쇼핑백을 선생님 옆에 두고 시작하세요.

- **보기**

  1) 아이들에게 볼 수 없는 채 태어났다면 어땠을지 생각해 보게 합니다. 그리고 태어날 때부터 볼 수 없는 사람도 있고, 살아가다가 시각을 잃는 사람도 있다고 설명해 줍니다. 그러나 우리는 대부분 이 귀중한 선물인 시각이 없다면 어땠을까에 대해서는 생각하지 않고 지내는 것도 사실임을 일러 줍니다.

  2) 아이들이 충분히 생각할 수 있는 시간을 가졌다면 이제 빛이 하나도 들어오지 않게 눈을 감고 손으로 가리게 한 후 질문합니다. "세상이 어떻게 보이나요? 무엇을 볼 수 있나요?"

  3) 아이들의 대답을 들은 후 눈이 안 보일 때 우리 생활은 어떠할지 상상해 보는 시간을 가집니다. "운동장이나 공원을 뛰어다닐 수 있을까요? 그림책을 볼 수 있을까요? 혼자서 자전거를 탈 수 있을까요? 엄마나 아빠의 얼굴을 볼 수 있을까요?"

  4) 아이들이 생각하고 대답할 수 있는 시간을 충분히 가진 후, 눈이 안 보이는 친구들은

다른 감각을 활용해 주변 세계에 대해 배우며, 우리가 하는 일들 대부분을 할 수 있다는 사실 또한 아이들에게 알려 주십시오. 아이들이 눈이 안 보이는 친구들의 마음을 읽을 수 있도록 도우면서 이야기를 나누십시오.

5) 눈 그림이 붙어 있는 쇼핑백에서 한 사람씩 물건을 꺼내 보고 즐기게 하십시오. 이 가방에는 거울이나 반짝이는 장신구, 가족이나 자연을 찍은 사진, 원색의 장난감, 나비 같은 곤충 모양 장난감 등을 넣어둡니다(보기에 좋은 흥미롭고 원색적인 것이면 무엇이든 좋습니다).

■ 듣기

1) 보기 활동에서 했던 것과 마찬가지로 들을 수 없으면 어떨지 상상하게 합니다.

2) 잠시 상상할 시간을 준 후, 아이의 귀를 막고 조그맣게 말하면서 당신이 무슨 말을 하는지 알아맞혀 보게 합니다.

3) 이제 아이들에게 "들을 수 없다면 어떻게 살까요? 다른 사람과 어떻게 대화를 나눌까요?"라고 질문합니다. 아이들이 충분히 생각하고 대답하고 나면, 들을 수 없는 사람들이 그들만의 대화 방식, 손으로 하는 수화를 만들어 냈다고 간단하게 말해 줍니다. 선생님이 아는 수화가 몇 가지라도 있다면 이때 아이들에게 소개하십시오.

4) 귀 그림이 붙어 있는 쇼핑백을 꺼낸 후 아이들이 돌아가면서 그 안의 물건을 집어 소리를 내게 합니다. 호루라기나 소리 나는 장난감, 종 등 소리가 나는 것을 집어넣으면 됩니다.

■ 냄새 맡기

1) 코 그림이 붙어 있는 쇼핑백을 보여 주면서 눈가리개를 하게 합니다. 한 명씩 돌아가며

눈가리개를 하거나 한꺼번에 모두 눈가리개를 할 수도 있습니다. 이때 눈가리개를 하기 싫어하는 아이가 있을 수도 있습니다. 그때는 강요하지 마십시오!

2) 보기 활동에서와 같이 보지 못할 때는 다른 감각들로만 하나님의 세상에 있는 것들을 발견하고 알아맞힐 수 있다고 아이들에게 설명하십시오.

3) 이제 준비가 되었으면 향 비누, 오렌지, 계피, 허브, 인스턴트 커피, 꽃 등 냄새 맡기 활동을 위해 가져온 물건들을 꺼냅니다. 선생님이 쇼핑백에서 꺼낸 물건을 눈가리개를 한 아이가 냄새로 알아맞히게 합니다.

4) 활동을 끝내면 아이들과 함께 우리의 후각이 얼마나 강력한지에 대해 이야기 나누십시오. 아마 이제까지 선생님과 아이들 모두 후각에 대해 별로 생각해 보지 않았을 것입니다. 그 점을 지적하고 아이들과 이야기 나누십시오. 아이들에게 "좋아하는 냄새는 무엇인가요?", "냄새를 맡지 못한다면 어떻게 될까요?", "냄새 맡는 것이 우리를 위험으로부터 어떻게 보호할까요?", "냄새를 맡으면서 우리는 어떻게 하나님의 세계를 즐기고 배울 수 있을까요?" 등의 질문을 하며 아이들에게 대답해 보게 합니다.

■ 맛보기

1) 냄새 맡기 활동에서 했던 것과 같이 쇼핑백에 땅콩버터나 바나나, 배, 꿀, 크래커 등 맛볼 수 있는 것들을 넣어둡니다. 그리고 먹을 것을 담을 수 있는 조그만 플라스틱 용기도 준비합니다.

2) 한 명씩 눈가리개를 한 채 맛을 보고 무엇인지 알아맞혀 보게 합니다. 작은 사탕이나 말린 과일은 남겨 두어 마지막에 맛보게 합니다.

3) 다시 아이들이 좋아하는 먹을 것에 대해 이야기를 나눕니다. "맛을 보지 못한다면 어떻게 될까요?", "맛을 보는 것은 어떻게 우리를 보호할 수 있을까요?", "우리는 맛보는 것을 통해 어떻게 하나님의 세계를 배우고 즐길 수 있을까요?" 등을 질문하고, 아이들이 충분히 생각하고 대답할 수 있게 이끕니다.

■ 만지기

1) 벨벳이나 사포, 작은 돌, 솔방울, 젖은 스펀지, 토끼털 등 촉감이 다른 물건들을 쇼핑백에 넣어둡니다.

2) 쇼핑백에 손을 넣고 하나씩 만져 보며 어떤 느낌인지 말해 보고, 무슨 물건인지 알아맞히게 합니다.

3) 물건을 하나씩 꺼내어 어떤 물건인지 확인해 보게 합니다.

4) 활동이 끝나면 아이들과 이야기를 나눕니다. "촉감을 통해 우리는 무엇을 알 수 있을까요?", "촉감 때문에 위험을 피할 수 있는 경우는 없을까요?", "촉감을 통해 어떻게 하나님의 세상에 대해 배우고 즐길 수 있을까요?" 등을 질문하고 아이들이 충분히 생각하고 대답할 수 있게 이끕니다.

5) 마지막으로 아이들에게 "어떤 촉감이 가장 좋은가요?" 하고 물어보고 아이들의 대답을 듣고 나면, 아이들을 힘껏 안아 줌으로써 사랑의 접촉이 가장 좋은 느낌인 것을 알려 줍니다.

6) "눈눈눈 성경 보고요"를 부르면서 전체 활동을 마무리합니다.

3. 만지고 듣고 보고 냄새 맡으면서 느껴요

■ 활동목표 : 여러 감각을 동시에 경험할 수 있는 활동을 함으로써 하나님께서 주신 감각에 대해 감사 드립니다.

■ 준 비 물 : 전분, 물, 그릇 여러 개, 식용 색소, 향수

■ 활동방법 : 1) 넓은 그릇에 전분을 담고 물로 반죽합니다(된반죽을 만들어 충분히 느껴 본 뒤 물을 조금 더 부어 질은 반죽도 느껴 봅니다).

2) 반죽할 때 식용 색소와 향수 한 방울을 뿌려 둡니다.

3) 반죽할 때 물의 양을 조절하면 다양한 촉감을 경험하게 할 수 있습니다.

4) 또한 식용 색소의 양을 조절하면 반죽의 색이 어떻게 변하는지 눈으로 확인할 수 있습니다.

5) 향수를 통해 좋은 냄새도 맡을 수 있습니다.

6) 전분 반죽이 어떤 느낌이었는지, 냄새는 어땠는지, 색은 어땠는지 아이들이 이야기하며 자유롭게 만들 수 있게 합니다.

7) 다양한 음악을 들려주어 음악의 느낌에 따라 반죽할 수 있게 합니다.

4. 느낌 주머니

- 활동목표 : 다른 느낌의 여러 물건을 만져 보며 하나님께서 촉감을 주셨음을 알고 감사드립니다.
- 준 비 물 : 동전 · 풀 · 색연필 · 크레파스 · 블록 · 지우개 · 작은 인형 등 다양한 촉감의 물건이 들어있는 티슈 상자 또는 자루
- 활동방법 : 1) 아이들이 보는 앞에서 상자 안에 여러 가지 물건을 하나씩 집어넣습니다.
  2) 아이들은 상자에 손을 넣어 한 가지씩 물건을 만져 보면서 그 이름을 알아맞힙니다. 그리고 어디에 사용하는 것인지 이야기합니다.
  3) 차례대로 활동한 후 촉감을 주신 하나님께 감사드립니다.

➡️ 간식   어린이들의 영양을 고려한 간식을 준비합니다.

다함께 모여요

➡️ 대그룹 활동

1. 알아맞힐 수 있어요

- 활동목표 : 여러 소리를 듣고 맞히면서 하나님께서 청각을 주셨음을 알고 감사드립니다.
- 활동방법 : 1) 아이들을 뒤로 돌아앉게 한 후 교사 중 한 명이 강대상 뒤로 들어가서 목소리를 냅니다.
  2) 아이들은 선생님의 목소리를 듣고 어느 반 선생님인지, 또는 우리 반 선생님의 목소리는 어느 것인지를 듣고 알아맞힙니다.
  3) 이 외에 다양한 주변의 소리나 동물의 소리를 들려주고 알아맞히는 놀이를 할 수 있습니다.

2. 창조에 대한 시

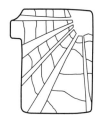

하나님께서 빛나는 해를 만드셨어요.   (팔로 큰 원을 만든다.)

어두운 밤을 위해서는 달과 별들을 만드셨지요.   (손위로 하고 반짝반짝 흔든다.)

높이 떠가는 구름도 만드셨어요.   (팔을 위로 올려 손을 흔든다.)

하나님께서 높이 솟은 나무들을 만드셨어요.   (우뚝 서서 위로 쭉쭉 팔을 뻗는다.)

조그만 씨앗과 예쁜 꽃들을,   (두 손을 꽃모양으로 만든다.)

똑똑 떨어지는 비와 부드러운 눈을 만드셨어요.   (손을 위에서 아래로 내린다.)

반짝이는 호수와 느리게 흐르는 강,   (팔을 옆으로 움직인다.)

물고기가 헤엄치는 바다를 만드셨어요.   (손으로 수영하는 시늉을 한다.)

하나님께서는 새들이 이 나무 저 나무로   (양쪽 팔을 퍼덕인다.)

날아다닐 수 있게 만드셨어요.

엉금엉금 기는 털 달린 동물들,   (손가락으로 기는 시늉을 한다.)

뚱뚱하고 키가 큰 동물을   (팔을 앞으로 뻗었다 위로 올린다.)

하나님께서 모두모두 만드셨지요.   (손으로 반짝반짝하며 큰 원을 만든다.)

하나님께서 맨 마지막에 사람을 만드셨어요.   (주변에 있는 사람들을 가리킨다.)

하나님께서는 크고 작은 사람들을 만드셨어요.   (팔을 높이 뻗었다 낮게 뻗는다.)

하나님! 멋진 세상을 주셔서 감사합니다.   (기도 하듯 손을 모은다.)

그리고 무엇보다 나를 만들어 주셔서 감사해요!   (자신을 가리킨다.)

> *선생님, 잠깐만요!*
>
> 이제 하나님의 창조의 여러 부분에 대해 복습하기 좋은 시점입니다.
> 5과(하나님, 동물을 주셔서 감사해요)에서 창조에 관한 시를 가지고 활동했다면 오늘 다시 하도록 합니다. 이번에는 사람을 창조하신 하나님에 대한 구절을 곁들이게 됩니다.

➡ **마음에 새겨요**   회상하기 질문을 통해 어린이들은 오늘 배운 성경 말씀을 삶 속에서 적용할 수 있도록 도움 받을 수 있답니다.

• 나는 무엇을 보길 좋아하나요?

- 나는 무엇을 듣길 좋아하나요?
- 나는 어떤 냄새를 좋아하나요?
- 나는 어떤 맛을 좋아하나요?
- 나는 어떤 감촉을 좋아하나요?
- 나에게 이런 느낌들을 주신 분이 누구인가요?
- 하나님께서 주신 이런 느낌들로 일주일 동안 하나님께 무엇을 하고 싶나요?
- 하나님께서 만들어 주신 눈으로 나는 어떤 것들을 보아야 할까요?
- 느낄 수 있게 만들어 주신 하나님께서는 나에게 무엇이라고 말씀하시나요?

▶ **기　　도**　나에게 보고 듣고 냄새 맡고 맛보고 만지는 느낌을 주신 하나님! 이번 한 주도 우리를 지켜 주실 것을 믿어요. 내가 보고 듣고 냄새 맡고 맛보고 만질 때마다 하나님께 감사하며 찬양하게 해 주세요. 예수님 이름으로 기도합니다. 아멘.

▶ **광　　고**　가정용 교재로 오늘 배운 성경 이야기를 집에서 복습하도록 광고해 주십시오.

▶ **마침인사**　샬롬 노래를 부르며 집으로 돌아갑니다.

샬롬 샬롬 선생님 샬롬 샬롬 친구들
다음 주에 다시 만나 예배드리자
샬롬 샬롬 샬-롬

하나님, 가족을 주셔서 감사해요

성 경	창세기 1장 26-28절, 2장 18-24절
암 송	내가 주께 감사하옴은 나를 지으심이 심히 기묘하심이라(시편 139 : 14)
포인트	하나님, 우리에게 우리를 사랑하고 보호해 주는 가족을 주셔서 감사합니다.

◎ 이 과의 목표

믿음의 성숙 (교사와 어린이)

• 우리에게 가족을 주신 하나님의 사랑을 느낍니다.

• 하나님께서 주신 우리 가족에게 사랑을 표현합니다.

• 가족을 주신 하나님께 감사드리고 찬양합니다.

성경에 대한 이해 (어린이)

• 하나님께서 첫 번째 가족을 어떻게 창조하셨는지 생각해 봅니다.

• 우리 가족을 소개하고 설명해 봅니다.

• 우리 가족이 어떻게 서로 사랑하는지, 잘못이 있을 때는 어떻게 용서하는지 이야기해 봅니다.

• 우리 가족에게 사랑을 표현할 수 있는 방법을 한 가지씩 찾아봅니다.

믿음의 본보기 (교사)

선생님이 가족을 사랑하는 마음을 아이들과 나누세요.

◎ 한눈에 보는 오늘의 예배

순 서	소요시간	활동계획
유치부에 왔어요	예배 전	반가워요 · 마음 열기
예배드려요	35-40분	찬양 · 기도 성경 봉독 · 성경 이야기
우리 반에 모여요	15-20분	출석 확인 · 이야기나누기 소그룹 놀이 활동(종이 집 접기 외 3 중 택일)
다함께 모여요	10분	대그룹 놀이 활동(가족 변신 콘테스트) 마음에 새겨요 · 광고 · 마침 인사

＊ 위의 순서는 각 교회학교의 사정에 따라 다르게 진행될 수 있습니다.

▣ 이 과를 준비하는 선생님들께

하나님께서는 서로 나눔을 갖도록 인간을 창조하셨습니다. 최초의 인간, 아담이 자신의 주변 세계에 대해 자각하기 시작하는 창세기 2장은 이 점을 잘 보여 줍니다. 하나님께서는 사람이 혼자 있는 것이 좋지 않다고 말씀하셨습니다. 그래서 동물들을 불러와 아담으로 하여금 이름을 짓게 하셨는데, 이는 동물들 가운데는 아담 자신에게 어울리는 돕는 배필이 없다는 사실을 깨닫게 하려는 뜻이었지요. 그런 후에야 하나님께서는 여자를 창조하셨습니다.

아담은 기뻐서 외쳤습니다. "이는 내 뼈 중의 뼈요 살 중의 살이라"(창 2 : 23). 이들은 최초의 가족이 되었고, 이때 이후로 모든 인간은 가족을 통해 세상에 나오게 되었습니다.

오늘날 우리 부모들은 어린이들에게 하나님의 사랑과 보살핌을 보여 줄 수 있게 해 달라고 진정으로 기도해야 합니다. 그것은 자녀를 낳게 하신 하나님의 의도이기도 합니다. 우리를 돌볼 준비가 되어 있는 부모로 인해 우리는 세상으로 나옵니다. 하나님께서는 부모를 통해 우리를 보호하시고, 부모의 가르침을 통해 우리를 가르치시며, 부모의 사랑을 통해 하나님의 사랑을 알려 주십니다.

어린이들은 사람마다 서로 성격이나 외모 등이 닮거나 다른 것처럼 각각의 가정들도 닮거나 다른 점이 있다는 것을 이해할 수 있습니다. 또한 가족이 함께 모여 생일이나 특별한 날을 기념하는 모습이 가정마다 다를 수 있다는 점을 알 수 있습니다.

할아버지, 할머니, 고모, 삼촌, 사촌 등 확대 가족 안에서 만날 수 있는 가족 구성원이 서로 다른 여러 다양한 개성을 가졌다는 것도 좋아할 것입니다. 어린이들은

> 결혼으로 이루어진 가정이나 미혼모의 가정이나 어린이를 입양한 가정이나 모두 동일하게 하나님께서 함께하시는 가정이라는 것을 기억해야 합니다. 우리에게 가정을 허락하셔서 가족으로 살아갈 수 있는 소중한 경험을 허락하신 하나님께 감사드리기 원합니다.

집에서 기르는 애완동물에 대해서도 가족과 같은 애정을 느끼는데, 우리는 동물들도 하나님으로부터 받은 선물이라는 것을 기억해야 합니다.

어린이들이 가정생활의 다양성에 대해 알게 되면 가족 형태의 다양성에 대해서도 이해하도록 도와주시기 원합니다. 어떤 어린이는 엄마 혹은 아빠하고만 살고 있을 것입니다. 어떤 어린이는 입양되었을 수도 있고, 어떤 어린이는 부모가 이혼하거나 사망해서 재혼한 가정에서 성장하고 있을지도 모릅니다. 어떤 어린이는 친척집이나 고아원에서 살고 있을 수도 있습니다.

어떤 형태든 가족은 하나님께서 우리에게 주신 또 다른 멋진 선물입니다. 그러나 불행히도 죄가 가정생활을 어지럽히기도 하기 때문에 어려운 가정 상황에 놓여 있는 어린이들에 대해서는 특별히 주의를 해야 합니다. 우리는 죄의 세력이 가족 간의 자연스러운 사랑을 자녀나 배우자에의 학대로 변질시킬 수도 있다는 것을 알고 잘 대응해야 합니다. 그리고 하나님의 사랑이 삶을 치료하고 회복시킬 수 있다는 점을 언제나 기억해야 합니다.

가족들의 사랑 안에서, 성령에 의지함으로써 우리는 성경의 교훈, "자녀들아 너희 부모를 주 안에서 순종하라 이것이 옳으니라 …… 또 아비들아 너희 자녀를 노엽게 하지 말고 오직 주의 교양과 훈계로 양육하라"(엡 6 : 1-4)는 말씀을 잘 이해할 수 있습니다.

결혼으로 이루어진 가정이나 미혼모의 가정이나 어린이를 입양한 가정이나 모두 동일하게 하나님께서 함께하시는 가정이라는 것을 기억해야 합니다. 우리에게 가정을 허락하셔서 가족으로 살아갈 수 있는 소중한 경험을 허락하신 하나님께 감사드리기 원합니다.

선생님 가정 안에 있는 모든 문제들을 하나님께 털어 놓으십시오. 그리고 무엇보다도 예수 그리스도를 믿는 사람은 누구나 하나님의 가족의 일원이 되었다는 것을 기억하기 원합니다. 우리는 어린양의 혼인잔치에 참여할 하나님 안의 한 가족입니다.

유치부에 왔어요

➡️ **반가워요** 어린이가 유치부에 오면 "○○는 엄마 아빠와 함께 왔구나.", "○○는 할머니와 함께 왔구나.", "○○는 동생이 있구나." 하면서 맞아 주어 어린이의 가족에게 관심을 보입니다. 그리고 혼자서 유치부에 온 어린이의 경우에는 "○○는 누구와 함께 교회에 왔니? 혼자서 유치부까지 오다니 씩씩하구나."라고 말하며 어린이에게 가족 구성원의 이름과 관계를 말해 보게 합니다.

➡️ **마음 열기** 한 주 전에 미리 아이들에게 가족사진을 가져오도록 광고하십시오. 어린이들이 가져 온 가족사진을 '창조' 탁자 위에 올려놓고 자기의 가족사진이 놓여 있다는 사실을 환기시키십시오. 하나님께서 가족들도 창조했기 때문에 이것을 창조 탁자 위에 놓았다고 설명하십시오. 사진 속에 있는 가족들을 아이들과 함께 보면서 누가 언니고 동생인지, 또 가족에 관한 재미있는 점들을 서로 이야기하고 나누십시오. 모든 가정을 하나님께서 만드셨다고 꼭 말해 줍니다.
인형들을 준비하여 가족놀이를 하게 하는 것도 좋은 방법입니다.

예배 드려요

➡️ **찬   양** 엄마하고 나하고 닮은 곳이 있대요
엄마를 보면 나도 몰래
우리는(엄마는/아빠는) 하나님의 걸작품
날 만드심이라

➡️ **기   도** 멋진 세상을 만드신 하나님! 우리에게 서로 사랑하는 가족을 주셔서 감사합니다. 오늘 우리들이 드리는 예배를 기쁘게 받아 주세요. 예수님 이름으로 기도합니다. 아멘.

▶ 성경봉독

이것은 성경(두 손을 모읍니다.)　　　　　활짝 펴요.(책을 펴듯이 펼칩니다.)

창세기 2장 21~24절 말씀.　여호와 하나님께서 아담을 깊은 잠에 빠지게 하시니 그가 잠들었습니다. 하나님께서 그의 갈비뼈 하나를 취하시고 살로 대신 채우셨습니다. 여호와 하나님께서 아담에게서 취하신 갈비뼈로 여자를 지으시고 그녀를 아담에게 데려오셨습니다. 아담이 말했습니다. "드디어 내 뼈 가운데 뼈요 내 살 가운데 살이 나타났구나. 이가 남자에게서 취해졌으니 여자라고 불릴 것이다." 그러므로 남자가 자기 아버지와 어머니를 떠나 그 아내와 결합해 한 몸을 이루게 되는 것입니다.

▶ 들어가기

손유희를 하면서 가족의 역할을 보여 줍니다. 우리에게는 사랑하며 보호받을 수 있는 가족이 있는데, 가족을 누가 주셨는지 오늘 말씀을 통해 들어 보자고 합니다.

〈손가락 손유희〉

아빠 손가락이 일을 한다 뚝딱딱뚝딱 뚝딱딱뚝딱
엄마 손가락이 일을 한다 쓱싹싹쓱싹 쓱싹싹쓱싹
언니 손가락이 화장을 한다 톡탁탁톡탁 톡탁탁톡탁
아가 손가락이 우유를 빤다 쪽쪽쪽쪽쪽 쪽쪽쪽쪽쪽

☼ 성경 이야기

태초에 하나님께서는 하늘과 땅을 창조하셨어요. (실로 원을 만든다.)

하나님께서는 산과 호수, 식물들, 꽃들, 새들, 물고기와 모든 종류의 생물을 만드셨어요. (이름을 말하면서 각각을 원 안에 두는 시늉을 한다.)

맨 마지막으로 하나님께서는 흙으로부터 사람을 빚으셨어요. 하나님께서 그의 코에 생기를 불어넣자 사람이 생명을 얻었어요. (손 위에 남자 모양의 인형을 올려놓고 아이들에게 보여 준다.)

하나님께서는 처음 사람을 에덴동산에 두시고 그곳에서 아름다운 식물과 동물을 돌보게 하셨어요. (원 안에 남자 인형을 놓는다.)

그러나 사람인 아담은 혼자였어요. (몸을 뒤로 젖혀 인형을 바라본다.) 하나님께서는 '아담이 혼자 있는 것은 좋지 않구나. 아담에게 꼭 맞는 친구가 필요해.'라고 생각하셨어요.

모든 동물들이 하나씩 아담에게로 왔어요. 아담은 각각의 동물들에게 이름을 붙여 주었어요. 그러나 아담을 도와주거나 그에게 딱 맞는 친구가 되어 줄 동물은 하나도 없었지요. 하나님의 아름다운 정원에서 아담은 여전히 혼자였어요.

그래서 하나님은 아담을 깊이 잠들게 했어요. (남자 인형을 눕히고 손으로 가볍게 덮는다.) 아담이 잠들었을 때 아담의 갈비뼈 하나를 꺼내 놀라운 일을 하셨지요. 아담에게서 빼낸 갈비뼈에서 여자를 만들었어요. (아이들에게 여자 인형을 보여 준다.)

하나님께서는 여자를 아담에게 데려가셨어요. (두 개의 인형을 옆에 놓는다.) 그러자 아담은 "이는 나와 비슷한 사람, 내게 꼭 맞는 친구야!"라고 말했어요. 그리고 그는 여자를 하와라 불렀어요. 아담과 하와는 남편과 아내가 되어 최초의 가정을 이루었어요. 그들은 함께 아들과 딸을 두었어요.

하나님께서는 아담과 하와를 축복하면서 말씀하셨어요.

"많은 자녀를 낳아 큰 가족을 이루어라. 내 땅에서 누리며 그것을 보호하라. 너와 너의 자손들은 내 땅의 모든 것들을 다스릴 것이라."

(가족 그림을 제시하며) 하나님께서는 우리에게도 서로 사랑하고 보살피도록 가족을 주셨어요. 우리는 할아버지와 할머니, 삼촌과 고모와 이모, 사촌들과 사랑을 나누며 하나님께서 만드신 세상 속에서 살아갑니다.

우리에게 가족을 주신 하나님, 참 감사합니다!

우리 반에 모여요

▶ **출석 확인**   어린이들이 자신의 출석표에 표시하도록 시간을 주십시오.
(인물 표정 스티커를 나눠 주는 것도 좋은 방법입니다.)

▶ **이야기 나누기**   하나님의 말씀을 다시 한 번 생각하며 이해하도록 돕는 질문들입니다. 이 질문들을 어린이들과 나누면서 어린이들 스스로 말씀을 생각하고 느끼게 합니다.

- 왜 어떤 동물도 인간에게 꼭 맞는 친구가 될 수 없나요?
- 아담과 하와는 하나님께서 만드신 다른 피조물들과 어떻게 다른가요?
- 아담이 깨어나 하와를 처음 보았을 때 어떻게 느꼈을까요?
- 아담의 가족은 서로 사랑한다는 것을 어떻게 표현했을까요?
- 여러분의 가족은 누가 만드셨을까요?
- 하나님께서 우리 가족을 사랑하신다는 것을 어떻게 알 수 있나요?

➡ 소그룹 활동

1. 우리가족 이야기(종이 집 접기)

- 활동목표 : 가족을 주신 하나님께 감사합니다.
- 준 비 물 : 교회학교용 교재 31쪽, 색연필
- 활동방법 : 1) 교회학교용 교재 31쪽을 접어 집을
완성합니다.
2) 집을 펼쳐 안에 있는 가족의 이름을
적어보고, 색칠합니다.
3) 가족에 대해 이야기 나눕니다.

　　우리 아빠 이름은 _____이에요. 하나님, 아빠를 주셔서 감사해요.

　　우리 엄마 이름은 _____이에요. 하나님, 아빠를 주셔서 감사해요.

　　우리 (언니, 누나, 동생)은/는 _____이에요.

　　하나님, (언니, 누나, 동생)을/를 주셔서 감사해요.

 나에게 가족을 주신 하나님 감사해요!

2. 우리 가족 손가락 인형

- 활동목표 : 우리 가족이 누구인지 살펴보고, 우리 가족의
주인이 예수님임을 압니다.
- 준 비 물 : 목장갑, 솜, 부직포, 색 리본, 어린이용 접착제,
가위
- 활동방법 : 1) 목장갑의 손가락 부분에 솜을 조금 넣고 색
리본으로 묶어 얼굴 모양을 만듭니다.
2) 손가락 위에 우리 가족들의 얼굴을 부직포와
본드를 이용해 꾸밉니다.
3) 손가락 부분에 옷을 만들어 붙여도 좋습니다.
4) 우리 가족은 누구누구이며, 우리 가족의 주인이 누구인지를 아이들 스스로
고백하게 하고 예수님께 감사드립니다.

3. 가족 그래프

- 활동목표 : 가족 구성원이 누구인지 알고 하나님께서 각 가정마다 다양하게 가족을 주셨음
을 압니다.
- 준 비 물 : 반 어린이의 이름이 쓰여 있는 전지, 풀, 종이(할아버지, 할머니 등이 써 있는 종이)
- 활동방법 : 1) 우리가족은 누구누구인지 가족 글씨 종이를 고르게 합니다(아빠, 엄마, 동생,

누나).

2) 아이들에게 가족 그래프를 보여 주며 자신의 이름을 찾게 합니다.

진행의 예) • "(전지를 보이며) 이것이 무엇을 하는 것일까요?"
• "친구들 이름이 쓰여 있어요. 자기 이름을 찾아보세요."
• "우리 가족을 이곳에 표시해 볼까요?"

3) 각 아이마다 가족 그래프를 완성해 나가면서 교사는 아이들의 가족 구성원이 누구인지, 아이들이 각자의 가정 구성이 서로 다름을 알도록 돕습니다.

진행의 예) • "○○○와 △△△의 가족들이 누가 있는지 같이 볼까요?"
• "이러한 가족은 처음에 누가 만드시고 왜 만드셨을까요?

〈교회 친구들의 가족 그래프〉

	김기순	이순재	조동규	김재천	박상은	백성규	배은주
8							
7							
6	동생						
5	나						
4	아빠						
3	엄마						
2	할아버지						
1	할머니						

4. 우리는 하나님의 가족

■ 활동목표 : 우리 가족이 누구인지 살펴보고, 우리 가족의 주인이 예수님임을 압니다.

■ 준 비 물 : 철 옷걸이, 실, 가족사진, 예수님 그림, 셀로판테이프

■ 활동방법 : 1) 옷걸이 손잡이 부분에 예수님 얼굴을 붙입니다.

2) 옷걸이 중간에 아빠 얼굴, 엄마 얼굴을 붙입니다.

3) 옷걸이 아랫부분에 아이 자신에 맞게 나와 형제들의 그림을 붙인다.

4) 우리 가족은 누구누구이며, 우리 가족의 주인이 누구인지를 아이들 스스로 고백하게 하고 예수님께 감사드립니다.

▶ 간식   어린이들의 영양을 고려한 간식을 준비합니다.

 다함께 모여요

➡ **대그룹 활동**

1. 가족 변신! 콘테스트

■ 활동목표 : 가족의 구성원과 역할을 알아보고 다른 가족 구성원을 사랑하는 마음을 갖습니다.

■ 활동방법 : 1) 반별로 가족 중의 어떤 역할(할머니, 아빠, 동생 등)을 맡을지 의논해서
정합니다.

2) 반별로 정한 인물에 따라 아이들이 선생님을 적절하게 분장시킵니다.

3) 전체가 모이면 음악을 틀어놓고 선생님들은 패션쇼를 하듯 아이들에게 변신
모습을 보여줍니다.

4) 아이들과 의논해서 적절하게 잘 분장하거나 역할을 잘 표현한 반을 시상하고
가족을 주신 하나님께 감사하며 마무리합니다.

➡ **마음에 새겨요** 회상하기 질문을 통해 어린이들은 오늘 배운 성경 말씀을 삶 속에서 적용할 수 있도록 도움 받
을 수 있답니다.

• 나의 가족에는 누가누가 있나요?

• 우리 가족의 주인은 누구인가요?

• 일주일 동안 사랑하는 우리 가족을 위해 무엇을 하고 싶나요?

• 나에게 가족을 주신 하나님께서 무엇이라고 말씀하시나요?

➡ **기 도** 나에게 사랑하는 가족을 주신 하나님! 이번 한 주도 우리를 지켜 주실 것을 믿어요. 이번 한 주간
가족들이 서로 사랑하며 지내게 해 주세요. 가족을 주신 하나님께 감사하며 찬양하게 해 주세요.
예수님의 이름으로 기도합니다. 아멘.

➡ **광 고** 가정용 교재로 오늘 배운 성경 이야기를 집에서 복습하도록 광고해 주십시오.

➡ **마침인사** 샬롬 노래를 부르며 집으로 돌아갑니다.

샬롬 샬롬 선생님 샬롬 샬롬 친구들
다음 주에 다시 만나 예배드리자
샬롬 샬롬 샬-롬

하나님, 친구들을 주셔서 감사해요

성 경	창세기 1장 26 – 28절, 2장 18 – 24절
암 송	내가 주께 감사하옴은 나를 지으심이 심히 기묘하심이라 (시편 139 : 14)
포인트	하나님, 서로 사랑하며 함께 뛰어놀 수 있는 친구를 주셔서 감사합니다.

◎ 이 과의 목표

믿음의 성숙 (교사와 어린이)

- 우리에게 친구를 주신 하나님의 사랑을 깨닫습니다.
- 하나님께서 주신 친구들에게 사랑을 표현합니다.
- 친구를 주신 하나님께 감사드리고 기쁨으로 찬양합니다.

성경에 대한 이해 (어린이)

- 하나님께서 하와를 창조하신 이유에 대해 생각해 봅니다.
- 내 친구는 누구이고, 그 친구들을 만나면 무엇을 하는지 이야기해 봅니다.
- 친구에게 어떻게 사랑을 표현할 수 있는지 여러 가지 방법들을 찾아봅니다.

믿음의 본보기 (교사)

선생님에게는 아이들이 제자이지만, 친구도 될 수 있다는 것을 알고 아이들에게 사랑과 고마움을 표현하세요.

◎ 한눈에 보는 오늘의 예배

순 서	소요시간	활동계획
유치부에 왔어요	예배 전	반가워요 · 마음 열기
예배드려요	35 – 40분	찬양 · 기도 성경 봉독 · 성경 이야기
우리 반에 모여요	15 – 20분	출석 확인 · 이야기나누기 소그룹 놀이 활동(종이 왕관 만들기 외 4 중 택일)
다함께 모여요	10분	대그룹 놀이 활동(친구 익히기 외 1 중 택일) 마음에 새겨요 · 광고 · 마침 인사

* 위의 순서는 각 교회학교의 사정에 따라 다르게 진행될 수 있습니다.

이번 과에서 우리는 하나님께서 우리를 사회적인 존재로 만드셨다는 것을 다시 한 번 확인하게 됩니다. 우리는 다른 사람들과 함께 있고 싶어 하고 또한 있어야만 합니다. 지난 과에서 우리는 가족을 주신 하나님을 찬양했습니다. 이번 과에서는 가족의 울타리를 넘어서 우리 삶을 풍성하게 하는 친구들에 대해 살펴봅니다.

아버지와 어머니, 형제자매는 우리가 친밀한 가족관계 속에서 사는 것을 배우도록 한다면, 친구는 우리가 더 넓은 세계에서 사는 것을 배울 수 있도록 돕습니다. 친구들은 우리가 즐거운 마음으로 함께 시간을 보내는 사람들입니다. 친구가 있기 때문에 우리의 활동은 풍부해집니다. 친구끼리는 게임을 하고, 생각을 나누고, 서로 믿고, 서로 돕습니다.

이번 성경 공부는 어린이들이 다른 사람들과 즐거움을 함께 하도록 도울 것입니다. 어린이는 기본적으로 자기 중심적이기 때문에 이런 과제가 항상 쉬운 것은 아닙니다. 어린이들의 세계에서 중심은 자기 자신입니다. 우리는 이기적으로 행동하는 어른들에 대해 자기중심적이라고 비난합니다. 그러나 똑같은 행동을 한다고 어린이를 그렇게 비난하는 것은 실수입니다. 이 어린이는 단지 자기 자신이 되기 위해 배우는 과정에서 필요한 성장 단계를 밟고 있을 뿐입니다. 선생님 반의 어린이들이 다른 사람들과 아무 문제없이 자연스럽게 어울리기를 원한다면 조금은 무리입니다. 어린이들은 다른 사람들과 같이 있을 때조차 혼자 놀고 있을 때가 많습니다.

유아부·유치부 어린이들은 이제 막 조금 더 넓은 인간 사회에 대해 경험하기 시작했습니다. 어른의 관심을 다른 어린이들과 나눠 가져야 하는 경험이 처음인 어린이들도 있을 것입니다. 다른 어린이들과 어떻게 놀고 어떻게 협력하며 어떻게 나누어야 할지, 또 단체의 일원으로서 어떻게 행동할지는 자기 중심적인 어린이들에게는 새롭고 때로는 절망적인 도전입니다. 어린이들이 친구들과 함께하는 재미와 즐거움을 깨달을 수 있도록 부드럽게 인도하시기 원합니다.

어린이들은 부모들의 사랑과 보살핌을 통해 하나님의 사랑에 대해 배웁니다. 오늘 어린이들은 살면서 만나는 여러 어린이들이나 특별한 친구들을 통해서도 하나님의 사랑이 드러난다는 것을 배울 것입니다.

어린이들은 자기보다 나이가 많은 사람들, 어른들과도 친구가 될 때가 많습니다. 예를 들어 선생님인 여러분도 어린이들과 함께 시간을 보내는 동안 친구가 될 수 있습니다. 그렇지만 모든 어른이 다 친구가 될 수 있다는 인상을 주어서는 안 됩니다. 현실적으로 죄 많은 세상에 살고 있기 때문에 어린이들에게 낯선 사람들(또한 가까운 관계에서도 범죄가 일어날 수 있음을 주의하십시오.)은 조심하고 피하라고 해야 합니다. 이 문제는 이번 시간에 직접적으로 드러낼 수는 없지만 염두에 두어야 할 문제입니다.

어린이들의 세계에서 중심은 자기 자신입니다. 우리는 이기적으로 행동하는 어른들에 대해 자기중심적이라고 비난합니다. 그러나 똑같은 행동을 한다고 어린이를 그렇게 비난하는 것은 실수입니다. 이 어린이는 단지 자기 자신이 되기 위해 배우는 과정에서 필요한 성장 단계를 밟고 있을 뿐입니다. 유아부·유치부 어린이들은 이제 막 조금 더 넓은 인간 사회에 대해 경험하기 시작했습니다. 어른의 관심을 다른 어린이들과 나눠 가져야 하는 경험이 처음인 어린이들도 있을 것입니다. 다른 어린이들과 어떻게 놀고 어떻게 협력하며 어떻게 나누어야 할지, 또 단체의 일원으로서 어떻게 행동할지는 자기 중심적인 어린이들에게는 새롭고 때로는 절망적인 도전입니다. 어린이들이 친구들과 함께하는 재미와 즐거움을 깨달을 수 있도록 부드럽게 인도하시기 원합니다.

친구들에 대한 선생님 자신의 경험에 대해서도 생각해 보십시오. 성장하는 동안 많은 친구들이 선생님의 삶 속에 있었을 것입니다. 평생에 걸쳐 알고 지내는 친구가 있습니까? 새로운 친구가 있습니까? 선생님께서 성장하는 동안 친구와의 우정에 무슨 일이 있었습니까? 과거와 현재에 만났고, 만나고 있는 선생님의 친구를 위해서 기도하는 시간을 가지시기 원합니다. 친구에 대해서만이 아니라 선생님이 다른 사람들과 친구가 되도록 도와주신 하나님께 감사드리기 원합니다.

 유치부에 왔어요

➡️ **반가워요**　유치부에 온 아이들을 반갑게 맞아 주면서 친구와 함께 온 아이가 있으면 "○○와 △△는 참 좋은 친구 사이구나." 등의 말로 친구 사이인 것을 이야기해 줍니다. 또는 먼저 온 아이들이 직접 친구를 맞아 주는 것도 좋은 방법입니다.

➡️ **마음 열기**　아이들이 간단한 알아맞히기 게임을 좋아하면 지난번에 했던 알아맞히기 게임을 다시 합니다. 반에 있는 어떤 아이에 대해 설명하면서 몇 가지 실마리를 주면 누군지 알아맞히는 게임입니다. 예를 들어 "나는 긴 머리에 나비 모양의 핀을 꽂고 빨간 치마를 입은 내 친구에 대해 생각하고 있어요."라고 말하는 식입니다. 반의 모든 아이들에 대해 돌아가면서 설명하고 누구에 대한 이야기인지 알아맞혀 보게 합니다. 마지막으로 선생님 자신에 대해 묘사하면서 "하나님께서는 선생님도 여러분의 친구로 창조해 주셨다."고 말해 줍니다.

 예배 드려요

➡️ **찬　　양**　기쁜 날 좋은 날　　　　• (친구는) 하나님의 걸작품
　　　　　　　　삐쭉이 빼쭉이　　　　　• 난난난
　　　　　　　　꼭꼭 약속해　　　　　　• 단짝 친구

➡️ **기　　도**　멋진 세상을 만드신 하나님! 우리에게 서로 사랑하고 함께 뛰어 놀 수 있는 친구를 주셔서 감사합니다. 오늘 우리들이 드리는 예배를 기쁘게 받아 주세요. 예수님 이름으로 기도합니다. 아멘.

▶ 성경봉독　　　이것은 성경(두 손을 모읍니다.)　　　　　　활짝 펴요.(책을 펴듯이 펼칩니다.)

창세기 2장 18-24절 말씀.　　여호와 하나님께서 말씀하셨습니다. "사람이 혼자 있는 것이 좋지 않으니 내가 그에게 알맞은 돕는 사람을 만들어 주겠다." 그래서 여호와 하나님께서 흙으로 온갖 들짐승들과 공중의 온갖 새들을 다 빚으시고 그것들을 아담에게로 데려오셔서 그가 어떻게 이름을 짓는지 보셨습니다. 아담이 각 생물을 무엇이라 부르든지 그것이 그의 이름이 됐습니다. 아담이 모든 가축과 공중의 새와 모든 들짐승에게 이름을 지어 주었습니다. 그러나 아담은 자기에게 알맞은 돕는 사람을 찾을 수 없었습니다. 여호와 하나님께서 아담을 깊은 잠에 빠지게 하시니 그가 잠들었습니다. 하나님께서 그의 갈비뼈 하나를 취하시고 살로 대신 채우셨습니다. 여호와 하나님께서 아담에게서 취하신 갈비뼈로 여자를 지으시고 그녀를 아담에게 데려오셨습니다. 아담이 말했습니다. "드디어 내 뼈 가운데 뼈요 내 살 가운데 살이 나타났구나. 이가 남자에게서 취해 졌으니 여자라고 불릴 것이다." 그러므로 남자가 자기 아버지와 어머니를 떠나 그 아내와 결합해 한 몸을 이루게 되는 것입니다.

▶ 들어가기　　　지난주에 배운 것을 상기시킵니다. 하나님께서 우리에게 가족을 주셨음을 아이들이 직접 고백하게 합니다. 그리고 하나님께서 가족 말고도 우리에게 소중한 사람을 주셨다고 일러줍니다. 누구일지 생각해서 이야기해 보게 하고, 그가 바로 친구이며 하나님께서 친구를 주신 이야기가 성경에도 있음을 들려 주겠다고 합니다. 성경을 펴서 오늘의 말씀을 보여 줍니다.

☼ 성경 이야기

이 세상에서 가장 처음 있었던 친구가 누구인지 알아맞혀 보세요.

그래요. 바로 아담과 하와예요. 하나님께서는 아담을 하와보다 먼저 만드셨어요. 아담은 매일 매일 동물들과 놀았지만 외로웠어요. 아담에게는 함께 이야기하고, 만들기를 하고, 함께 놀 수 있는 친구가 필요했거든요. 그래서 하나님께서는 하와를 만들어 주셨어요. 아담은 너무나 기뻤어요. 아담과 하와는 함께 이야기하고, 함께 먹고, 함께 하나님을 찬양했어요. 아담은 더 이상 외롭지 않았어요.

오늘은 읽어 주고 싶은 이야기가 있어요. 이 이야기를 들으며 우리가 친구에게 어떻게 대해야 할지 생각해 보기로 해요.

(민호가 엄마와 대화하는 그림을 보여 주며) "저 왔어요!"

현관문을 쾅 닫은 민호는 쿵쿵 발소리도 요란하게 집으로 들어왔습니다.

"다시는 놀러가지 않을 거야!"

"무슨 일이야? 또 수진이하고 싸웠구나?"

엄마가 부엌에서 나오며 물으셨습니다.

"걔는 자기 장난감도 많은데 꼭 내 걸로만 놀려고 하잖아요. 수진이는 내가 가져간 장난감으로 같이 놀아야 한다고 해요. 그런데 난 수진이가 그냥 보기만 했으면 좋겠어요. 놀지는 않고."

민호는 블록이 가득 든 상자를 들고 말했습니다.

"이런." 엄마는 한숨을 쉬며 말씀하셨습니다. "그래서 화가 났구나."

엄마는 부엌으로 가 식탁에 앉으셨습니다. 민호도 엄마를 따라 앉았습니다.

"뭐하세요, 엄마?"

엄마는 식탁에 놓인 여러 가지 천을 보여 주시며 대답하셨습니다.

"수를 놓고 있었단다. 글씨를 거의 다 새겼어."

"뭐라고 쓰셨는데요? 좀 읽어주세요." 민호가 물었습니다.

"진실한 친구는 하나님의 선물이라고 새겼단다. 엄마 친구인 현경이 아줌마에게 생일 선물로 주려고." 엄마가 말씀하셨습니다.

"치, 난 이제 친구 같은 거 필요 없어요. 내 동물인형들하고만 놀 거라고요. 참! 누렁이하고도요. 그까짓 친구하고 안 놀아도 돼요. 누렁아, 이리 와 봐. 착하지?"

(민호가 강아지와 이야기하는 그림을 보여 주며) 민호가 손뼉을 치자 자그맣고 노란 점박이 강아지가 꼬리를 흔들며 다가왔습니다.

"잘했어, 누렁아. 이제부터 너하고만 친구할 거야."

민호는 누렁이를 품에 안고는 방으로 들어가서 사자 흉내 놀이를 했습니다. 그러나 이내 누렁이가 상자 속에 들어가 버리자 사자 흉내를 내는 일에 싫증이 나고 말았습니다. 게다가 누렁이는 밖으로 나가겠다고 낑낑거리기 시작했습니다. 민호는 마지못해 방문을 열고 누렁이가 나가게 해 주었습니다.

"가고 싶으면 가! 넌 그렇게 좋은 친구는 못 되는구나. 장난감이 더 좋은 친구가 되겠다."

(민호가 동물 인형과 노는 그림을 보여 주며) 민호는 블록을 쌓으며 놀기 시작했습니다. 그러나 30분도 채 안 되어 싫증이 나고 말았습니다. 잘 만들었다고 봐 주는 사람도, 새로운 걸 만들자고 말해 주는 사람도 없었거든요.

이번에는 퍼즐 맞추기를 했습니다. 하지만 다 맞추려면 아주 시간이 많이 걸릴 것 같았고, 이야기할 사람도 없이 혼자 하는 것은 별로 재미가 없었습니다.

민호는 선반의 동물 인형들을 꺼내 침대 위에 놓고 말했습니다. "이제 너희들이 내 친구야." 그렇지만 아무도 대답을 해 주지 않았습니다. 그저 반짝이는 플라스틱 눈으로 벽을 보고 있을 뿐이었습니다. 민호는 침대 가장자리에 앉아 발을 토닥거렸습니다.

"이제 남은 친구는 예수님밖에 없는 것 같네." 힘없는 소리로 민호는 말을 이었습니다. "하지만 전 예수님을 볼 수도 만질 수도 없어요."

잠시 생각하던 민호가 혼자 중얼거렸습니다. "가끔은 같이 블록을 갖고 놀 친구가 있는 것도 좋을 것 같아."

(민호가 수진이네 집으로 달려가는 그림을 보여 주며) 민호는 수진이가 생각났습니다. 수진이의 웃는 얼굴을 생각했습니다. 얼마나 재미있는 놀이를 많이 생각해 냈는지, 이야기는 또 얼마나 잘 지어냈는지……. 수진이는 민호의 장난감만 탐낸 게 아

니라 자기 집에 있던 모든 장난감들을 민호가 갖고 놀게도 해 주었는데……. 수진이는 참 좋은 아이였습니다.

"그래." 침대에서 뛰어 내리며 민호는 말했습니다. "아마 진짜 친구가 더 나을 지도 몰라."

민호는 서서 눈을 꼭 감았습니다. "예수님, 수진이와 다시 친구가 될 수 있게 도와주세요." 그리고 다시 눈을 뜨고 말했습니다. "예수님, 수진이가 내 블록을 갖고 놀게 할게요. 그런데 제발 안 잃어버리게 해 주세요."

민호는 아래층으로 뛰어 내려가며 말했습니다. "엄마, 수진이네 놀러가도 돼요?"
블록상자를 품에 안고 뛰어가는 민호를 향해 엄마는 웃어 주셨습니다.

 ## 우리 반에 모여요

▶ 출석 확인 어린이들이 자신의 출석표에 표시하도록 시간을 주십시오.

▶ 이야기 나누기 하나님의 말씀을 다시 한 번 생각하며 이해하도록 돕는 질문들입니다. 이 질문들을 어린이들과 나누면서 어린이들 스스로 말씀을 생각하고 느끼게 합니다.

- 민호는 왜 수진이에게 화가 났을까요?(135쪽 그림)
- 민호는 왜 장난감이나 강아지와 놀다가 싫증이 났을까요?(136~137쪽 그림)
- 장난감이나 강아지는 왜 진짜 친구가 될 수 없을까요?
- 친구는 왜 특별할까요?
- 나도 친구에게 화가 난 적이 있나요?
- 누가 함께 놀 친구를 만드셨는지 알고 있나요?

▶ 소그룹 활동

1. 사랑하는 내 친구!(종이 왕관 만들기)

- 활동목표 : 친구를 주신 하나님께 감사합니다.
- 준 비 물 : 교회학교용 교재 22쪽, 색연필, 풀
- 활동방법 : 1) 교회학교용 교재 22쪽의 나와 친구의 그림을
완성합니다.

2) 그림을 보며 나와 내 친구를 소개합니다.
"내 친구 ○○ 이에요.
하나님 ○○를 주셔서 감사해요."

3) 길게 붙여 왕관을 만듭니다.

4) 왕관을 머리에 쓰고 친구와 인사합니다.

 나에게 친구를 주신 하나님 감사해요!

2. 우리는 친구

- ■ 활동목표 : 사랑하는 친구를 만들어 보면서 친구를 만들어 주신 하나님께 감사드립니다.
- ■ 준 비 물 : 얇은 도화지, 사람 본, 색연필, 가위
- ■ 활동방법 : 1) 아래와 같이 얇은 도화지를 넷으로 접어 사람의 반쪽 모양을 그리고 오려 내면 2명의 사람이 만들어집니다(도화지가 두꺼우면 어린이들이 오리기 힘듭니다).
    2) 나와 친구의 모습을 꾸미고 뒷면에 이름을 쓰게 합니다.
    3) 나에게 좋아하는 친구를 주신 하나님께 감사드립니다.

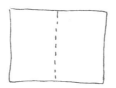  

3. 좋아하는 친구 만들기

- ■ 활동목표 : 사랑하는 친구의 얼굴 모습을 만들어 보면서 친구를 만들어 주신 하나님께 감사드립니다.
- ■ 준 비 물 : 뻥튀기 과자, 초코볼이나 사탕 등 다양하게 꾸밀 수 있는 과자들
- ■ 활동방법 : 1) 뻥튀기 과자를 얼굴 삼아 각종 재료로 친구의 얼굴을 만들고 꾸며 봅니다. 이때 딸기잼을 사용해서 눈, 코, 입 등을 고정하도록 합니다.
    2) 만든 얼굴을 서로 돌아가며 보고 이야기 나눈 후 친구들과 사이좋게 나누어 먹습니다.
    3) 간식 시간에 활용하면 더욱 좋습니다.

  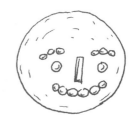

4. 친구 반지 만들기

- ■ 활동목표 : 하나님께서는 친구와 더불어 함께 있는 것을 좋아하신다는 것과 친구는 하나님께서 주신 선물임을 압니다.

- ■ 준 비 물 : 가는 모루, 스팽글, 유아용 접착제 또는 셀로판테이프

- ■ 활동방법 : 1) 교사는 어린이들에게 재료들을 보여 주면서 어떻게 반지를 만들 수 있을지에 대해서 생각해 보고 만들도록 합니다.

  진행의 예) • "반지를 어떻게 만들 수 있을까요?"
  - • "여기 있는 재료들을 이용해서 어떻게 만들 수 있을까요?"
  - • (교사가 만들어 온 샘플을 보여 주며) 선생님은 이렇게 만들어 왔는데 여러분들은 어떻게 다르게 만들 수 있을까요?"

  2) 교사는 아이들이 만든 반지를 가지고 친구들을 어떻게 기쁘게 할 수 있을지에 생각해 보고 나누도록 합니다.

  진행의 예) • "우리가 만든 반지로 친구들을 어떻게 기쁘게 할 수 있을까요?"
  - • "우리가 만든 반지를 친구에게 선물하면 우리의 마음은 어떨까요?"
  - • "우리가 친구와 함께 사랑의 마음을 담아 선물을 주고받는다면 하나님의 마음은 어떨까요?"

선생님, 잠깐만요!
어린이들이 스팽글이나 모루를 귀나 코, 입에 넣지 않도록 안전사고에 주의하십시오.

5. 동시 짓기

- ■ 활동목표 : 하나님께서 주신 친구에 대해서 감사한 마음을 갖고 친구에 대한 느낌을 표현하도록 합니다.

- ■ 준 비 물 : 전지, 사인펜, 크레파스, 색종이, 풀, 매직 등

- ■ 활동방법 : 1) 교사는 어린이들과 함께 친구에 대한 느낌을 나누며 동시를 짓습니다.

  어린이들이 느낌을 말하면 계속 생각을 확장해 나갈 수 있도록 질문해 주세요.

  진행의 예) • "내가 좋아하는 친구는 누구인가요?"

- "그 친구를 생각하면 어떤 느낌이 드나요?"
- "친구에 대한 우리들의 느낌으로 우리 반의 동시를 지어 봐요."

2) 교사는 어린이들이 이야기한 것들을 전지에 적고 어린이들과 함께 동시
판을 꾸며 봅니다.

진행의 예) "우리들이 지은 '친구'란 동시를 적었어요. 멋지게 꾸며
볼까요? 어떻게 꾸미면 좋을까요?"

3) 어린이들의 이름으로 삼행시 짓기를 해도 좋습니다.

▶ 간식

어린이들의 영양을 고려한 간식을 준비합니다.

앞의 소그룹 활동에서 제시한 얼굴 꾸미기를 활용해서 간식을 나누도록 합니다.

 다함께 모여요

▶ 대그룹 활동

1. 우리는 친구

- 활동목표 : 같은 교회에서 함께 예배드리는 친구들을 익히고 친구들의 특징을 알아 가도록
  합니다.
- 준 비 물 : 유쾌한 음악
- 활동방법 : 1) 아이들에게 음악에 맞추어 방안을 걷게 합니다(서로 부딪히지 않도록
  주의합니다).
  2) 도중에 음악이 멈추면 가까이에 있는 친구와 "샬롬! 안녕하세요" 하며
  인사를 나눈 후 서로 자신의 이름을 말하도록 합니다.
  3) 음악이 시작되면 다시 방안을 걷게 합니다.
  4) 어느 정도 활동이 익숙해지면 친구들의 이름뿐만 아니라 좋아하는 놀이,
  음식, 색, 운동 등을 말해 보도록 합니다.

2. 친구는 친구는

- 활동목표 : 친구에 대한 동시를 나누면서 즐거움을 느끼고 친구를 주신 하나님께 감사드립
  니다.
- 준 비 물 : 소그룹 활동시 각 반별로 지은 동시
- 활동방법 : 1) 어린이들과 함께 소그룹 시간에 지은 친구에 대한 동시를 나누는 활동입니다.
  2) 대그룹 시간에 함께 모여 각 반에서 지은 동시를 소개하는 시간을 갖습니다.
  동시의 예) 친구는 하나님께서 주신 선물

우리가 혼자 외롭고 심심할까 봐

함께 놀고

함께 나누고

함께 사랑을 나누라고

하나님께서 주신 선물

➡ **마음에 새겨요** 회상하기 질문을 통해 어린이들은 오늘 배운 성경 말씀을 삶 속에서 적용할 수 있도록 도움 받을 수 있답니다.

• 내가 좋아하는 친구는 누구인가요?

• 내게 친구를 만들어 주시고 선물하신 분은 누구인가요?

• 일주일 동안 사랑하는 내 친구를 위해 무엇을 하고 싶나요?

• 친구를 주신 하나님께서 나에게 무엇이라고 말씀하시나요?

➡ **기   도** 나에게 사랑하는 친구를 주신 하나님! 이번 한 주도 우리를 지켜 주실 것을 믿어요. 이번 한 주간 친구들과 사이좋게 지내며 함께 놀게 해 주세요. 또 친구를 주신 하나님께 감사하며 찬양하게 해 주세요. 예수님 이름으로 기도합니다. 아멘.

➡ **광   고** 가정용 교재로 오늘 배운 성경 이야기를 집에서 복습하도록 광고해 주십시오.

➡ **마침인사** 샬롬 노래를 부르며 집으로 돌아갑니다.

샬롬 샬롬 선생님 샬롬 샬롬 친구들

다음 주에 다시 만나 예배드리자

샬롬 샬롬 샬-롬

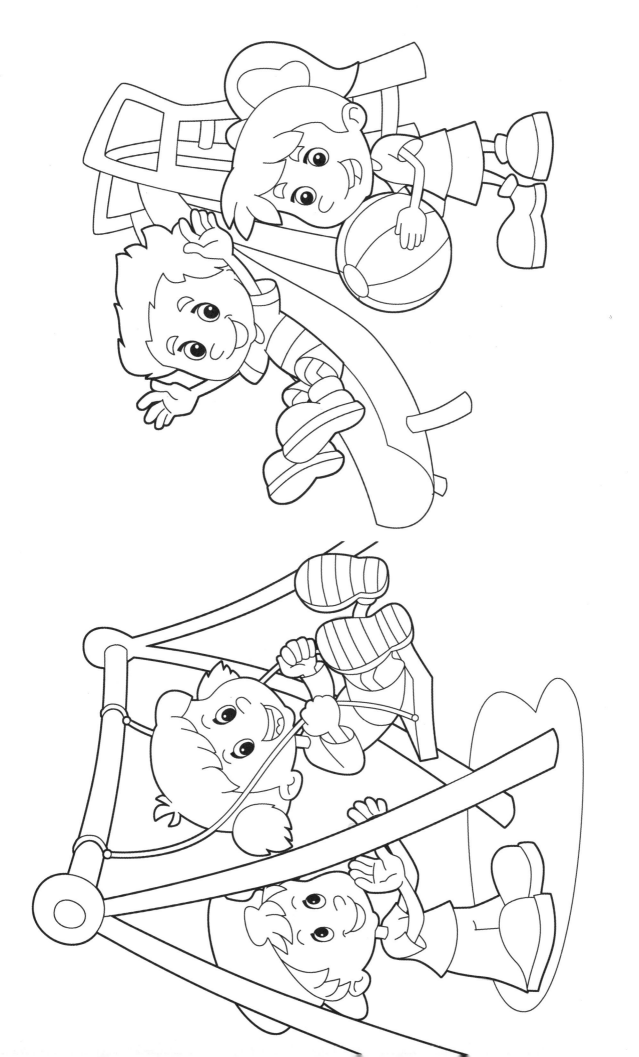

하나님, 교회를 주셔서 감사해요

성 경	시편 100편
암 송	하나님이 세상을 이처럼 사랑하사 독생자를 주셨으니 이는 그를 믿는 자마다 멸망하지 않고 영생을 얻게 하려 하심이라(요한복음 3 : 16)
포인트	교회는 예수님을 사랑하는 사람들의 모임이며, 우리 자신도 교회임을 압니다. 우리를 교회에 속하게 하신 하나님께 감사드립니다.

◎ 이 과의 목표

믿음의 성숙 (교사와 어린이)

• 우리가 하나님의 집, 교회에 속해 있음을 느낍니다.

• 교회에 오는 것을 기뻐합니다.

• 교회를 주신 하나님께 감사하고 찬양합니다.

성경에 대한 이해 (어린이)

• 하나님의 집, 교회에 속한 사람들의 이름을 말할 수 있습니다.

• 하나님의 백성이 교회에 모일 때 어떤 일이 일어나는지 말해 봅니다.

• 하나님을 사랑하는 사람들이 모인 교회에서 하는 일 중에 자신이 좋아하는 일을 말해 봅니다.

믿음의 본보기 (교사)

사랑하는 우리 반 아이들에게 우리 모두가 하나님의 집인 교회의 소중한 일원(지체)이라는 기쁨을 표현하세요.

◎ 한눈에 보는 오늘의 예배

순 서	소요시간	활동계획
유치부에 왔어요	예배 전	반가워요 · 마음 열기
예배드려요	35-40분	찬양 · 기도 성경 봉독 · 성경 이야기
우리 반에 모여요	15-20분	출석 확인 · 이야기나누기 소그룹 놀이 활동(교회 만들기 외 3 중 택일)
다함께 모여요	10분	대그룹 놀이 활동(감사함으로 그 문에 들어가며) 마음에 새겨요 · 광고 · 마침 인사

＊ 위의 순서는 각 교회학교의 사정에 따라 다르게 진행될 수 있습니다.

◙ 이 과를 준비하는 선생님들께

하나님의 세계는 훌륭합니다. 창세기 1장에는 하나님께서 창조를 진행하는 동안과 창조를 마친 후에 "보시기에 좋았더라"고 하신 말씀이 계속 나옵니다. 예수 그리스도의 피를 통해 하나님께서는 우리를 죄의 세력에서 해방시키며 "보시기에 매우 좋은" 창조 때의 모습으로 회복시키십니다.

오늘 성경 공부는 이 세상의 선함에 대한 어린이들의 이해를 돕기 위해 계획되었습니다. 우리는 어린이들이 어른으로 성장하는 동안 하나님께서 창조하신 세계의 선함에 대해 계속해서 확신을 가지고, 그 선함이 완전히 회복되기를 소망하는 기도를 늘 드려야 합니다.

오늘은 교회에 대해 배웁니다. 교회는 하나님과 하나님께서 하신 모든 일이 선함을 찬양하고 선포합니다. 그것이 바로 예배입니다. 교회의 가장 중심 활동은 창조주 하나님과 우리 구주 예수 그리스도를 찬양하는 것입니다.

교회는 하나님과 하나님께서 하신 모든 일이 선함을 찬양하고 선포합니다. 그것이 바로 예배입니다. 교회의 가장 중심 활동은 창조주 하나님과 우리 구주 예수 그리스도를 찬양하는 것입니다. 이번 성경 공부를 통해 교회에서 어린이들의 위치를 확인할 수 있기를 바랍니다. 어린이들에게 교회가 좋은 곳이기도 하지만, 어린이의 존재가 교회를 좋은 곳으로 만들기도 합니다.

어린이들은 교회를 항상 즐거운 장소로 생각하지는 않습니다. 어른들도 교회에서의 어린이의 존재에 대해 늘 인정하는 것은 아닙니다. 우리는 어린이들이 교회에서 자연스럽게 배울 것이라고 생각합니다. 어린이들은 우리의 생각처럼 예배드리는 법, 조용히 앉아 있는 법, 훗날 어른이 되었을 때 교회의 의미 있는 일원으로서의 역할을 감당할 수 있도록 배울 것입니다. 그러나 우리는 어린이들을 대하시던 예수님의 태도를 기억해야 합니다. 우리에게 보는 눈이 있다면 어린이들을 통해 하늘나라를 볼 수 있다고 예수님은 말씀하셨습니다. 이것을 깨달을 때 우리는 교회에서 어린이들을 통해 배울

기회를 찾을 수 있을 것입니다.

이번 성경 공부를 통해 교회에서 어린이들의 위치를 확인할 수 있기를 바랍니다. 어린이들에게 교회가 좋은 곳이기도 하지만, 어린이의 존재가 교회를 좋은 곳으로 만들기도 합니다.

이번 과에서 배우게 될 것들에 대한 우리들의 응답이 개괄된 시편 100편은 많은 참고가 될 것입니다. 아마도 어린이들이 어른만큼, 혹은 어른보다 더 응답을 잘할 것입니다(시편 100편은 이런 맥락에서 많은 것을 시사합니다. 어린이들은 어른보다 더 즉각적으로 응답합니다). 어린이들은 "소리치고", "섬기며", "즐겁게 노래를 부르면서 그 앞에 나가며", "여호와가 우리 하나님이신 줄 알며", "감사함으로 그 문에 들어가며", "감사하며", "그 이름을 찬양"할 수 있습니다. 어린이들에게 이런 행동을 하도록 북돋우면서 선생님은 "어린아이와 젖먹이의 입으로"(시 8 : 2) 찬양을 받기 합당한 분을 기쁘시게 할 것입니다.

또한, 이번 시간에는 세례식을 기억하거나 세례에 쓰는 물건을 보관하는 곳을 찾아가 하나님의 사랑의 신비에 대해 생각합니다. 세례는, 어린이들이 하나님께 속해 있고, 하나님께서 그들을 매우 사랑하신다는 것을 보여 줄 뿐 아니라, 교회 안의 모든 사람들이 이 어린이들을 사랑하며, 그들을 위해 무릎 꿇고 기도하며, 어린이들을 격려하고 그들의 친구가 되어 준다는 것을 나타냅니다.

어린이들이 자신의 유아세례를 기억하지는 못하겠지만, 모든 사람이 세례를 받을 때 하나님과 하는 약속이 자신에게도 해당된다는 것은 이해할 것입니다. 이때

선생님 반의 유아세례를 받지 않은 어린이들에 대해 주의해야 합니다. 세례를 받지 않았기 때문에 하나님과 선생님에게 자신이 덜 가치 있는 존재로 보일지도 모른다고 생각하지 않도록 배려하시기 바랍니다.

예배 시간에 교회 어른들을 초청하는 방법도 좋습니다. 전체 교회가 어린이들에게 보이는 사랑과 관심을 직접 어린이들에게 보여 주도록 요청할 수 있습니다. 어른들을 초청하는 것은 이런 일을 생각해 보지 않았던 교인들이 어린이에게 봉사할 수 있는 기회를 주는 것과 아울러 한 어린이가 유아세례를 받을 때마다 교회의 구성원으로서 그를 신앙으로 양육하기로 모든 교인들이 약속했던 것에 다시 집중하게 하는 효과도 있습니다.

어린이들이 교회 전체에서 어떤 역할을 맡도록 계획을 세울 수도 있습니다. 한 주 정도 어린이들이 대예배 때 찬양이나 다른 순서를 맡을 수도 있을 것입니다. 이것은 예수님이 성도들에게 하신 말씀인 "누구든지 내 이름으로 이런 어린아이 하나를 영접하면 곧 나를 영접함이니"(마 8 : 5)나 "너희가 돌이켜 어린아이들과 같이 되지 아니하면 결단코 천국에 들어가지 못하리라"(마 8 : 3)의 의미를 잘 일깨워 줄 것입니다.

선생님, 잠깐만요!

유아·유치부 어린이들은 교회란 예배당(건물)이라고 생각할 것입니다. 그렇지만 초대교회의 모습을 생각해 보세요. 그들은 오늘과 같은 예배당을 가지고 있지 않았습니다. 그렇지만 우리는 그들을 교회라고 합니다. 교회는 예수님을 믿고 사랑하는 사람들의 모임입니다.
우선 어린이들이 '모임'이라는 의미를 이해해야겠지요? 예수님을 사랑하는 사람들이 오순절에 다락방에 모였습니다. 거기 모였던 사람들, 그 모임이 바로 교회라는 것을 가르쳐 주세요. 특별히 "예수님, 사랑해요."라고 말할 수 있는 우리 어린이들이 예수님이 사랑하는 교회임을 알려주세요.

유치부에 왔어요

▶ **반가워요**   아이들이 예배실에 들어오면서 신발 정리하는 것을 간혹 잊어버리기도 할 것입니다. 아이들에게 직접 신발을 잘 정리하도록 일러주고, 아이들과 일일이 눈을 맞추며 반가움을 표시하십시오. "○○야, 교회에 온 것을 환영해." 하고 개별적인 관심을 보여 주세요.

▶ **마음 열기**   전지를 준비해 교회를 그려 붙여 둡니다. 이때 교회는 테두리 선만 그려 둡니다. 또 종이를 벽돌 모양으로 잘라서 아이들 수만큼 준비합니다. 아이들이 예배실로 들어오면 아이들에게 교회를 구성하는 사람이 '우리'라는 사실을 알려 주고, 벽돌 모양의 종이에 자기 얼굴을 그리게 합니다. 그림을 완성하면 교회 그림 안에 아이들의 얼굴을 붙여서 교회를 완성하고 우리 한 사람 한 사람이 모여 교회라는 모임이 만들어졌다고 다시 한 번 정리해 줍니다.

예배 드려요

➡️ **찬　　양**　　우리 예수님

➡️ **기　　도**　　교회를 주신 하나님! 예수님을 더 많이 알고 싶어요. 오늘 우리들이 드리는 예배를 기쁘게 받아 주세요. 예수님 이름으로 기도합니다. 아멘.

➡️ **성경봉독**　　이것은 성경(두 손을 모읍니다.)　　　　　　　활짝 펴요.(책을 펴듯이 펼칩니다.)
시편 100편 1-3절 말씀.　온 땅이여, 여호와께 기뻐 외치라. 기쁨으로 여호와를 섬기고 노래하며 그분 앞으로 나아가라. 여호와가 하나님이신 줄 알라. 그분이 우리를 만드셨으니 우리는 그분의 백성들이고 그 목장의 양들이다.

➡️ **들어가기**　　아이들에게 지금 우리가 모여 있는 곳이 어디인지 물어 봅니다. 아이들이 "교회"라고 대답하면 교회가 어떻게 생겨나게 되었을지 질문합니다. 잠깐 아이들의 대답을 들어준 뒤, 교회가 어떻게 생겨나게 되었는지 성경에 기록되어 있으며, 어떤 사람이 하나님께 예배드릴 때 부를 특별한 찬양을 썼는데 그것이 지금 읽은 시편 말씀이라고 일러 줍니다. 그리고 지금부터 교회가 생겨난 이야기를 들려주겠다고 합니다.

☼ 성경 이야기

예수님을 사랑하는 제자들이 모였어요.
소곤소곤, 와글와글, 시끌벅적.
예수님을 사랑하는 많은 사람들이 모였어요.
"조용히 하세요! 우리의 말을 들어보세요."
예수님을 사랑하는 제자들이 많은 사람들에게 예수님을 전하고 있었어요.
"예수님을 믿으면 구원을 얻습니다."
"예수님은 하나님의 아들입니다. 우리를 사랑하십니다."
예수님을 사랑하는 사람들은 예수님의 말씀을 배우니 참 기뻤어요.
예수님을 사랑하는 사람들을 보니 너무 마음이 따뜻했어요.
사람들은 매일매일 모여서 함께 기도드렸지요.
기쁜 마음으로 모여서 찬양도 드렸어요.
예수님에 대해서 이야기하며 함께 사랑을 나누었어요.
예수님을 사랑하는 사람들은 자기의 물건을 다른 사람들에게 나누어주기를 좋아했어요.
예수님의 사랑으로 많은 사람들에게 주고 싶은 마음이 커져만 갔어요.
예수님을 사랑하는 사람들은 물건을 같이 쓰고, 필요한 사람들에게 나누어 주었답니다.

말씀을 배우고 기도하고 찬양하며 예배드리는 곳,

그곳이 바로 교회이지요.

또한 예수님을 사랑하는 한 사람 한 사람,

우리 모두가 바로 교회이지요.

예수님을 사랑하는 사람들이 모여 있는 곳이 교회이지요.

교회는 예수님을 사랑하는 사람들의 모임이에요.

 # 우리 반에 모여요

▶ 출석 확인　　어린이들이 자신의 출석표에 표시하도록 시간을 주십시오.

▶ 이야기 나누기　하나님의 말씀을 다시 한 번 생각하며 이해하도록 돕는 질문들입니다. 이 질문들을 어린이들과 나누면서 어린이들 스스로 말씀을 생각하고 느끼게 합니다.

- 서로 다른 사람들이 어떻게 하나님의 집의 한 가족이 되었을까요?
- 하나님께서 교회를 사랑하시는 줄 어떻게 알 수 있을까요?
- 사람들이 예수님을 사랑한다고 고백할 때 예수님은 어떻게 느끼실까요?
- 하나님의 가족으로서 교회에 있을 때 예수님을 가깝게 느낀 적이 있나요?
- 여러분이 하나님의 가족이라면 하나님을 무엇이라고 부를까요?

▶ 소그룹 활동

1. 우리교회 이야기(교회 만들기)

- 활동목표 : 교회를 주신 하나님께 감사합니다.
- 준 비 물 : 교회학교용 교재 24쪽, 풀 또는 양면테이프
- 활동방법 : 1) 교회학교용 교재 24쪽에 교회 그림에 자신의
  교회 이름을 적어 봅니다.
  2) 선대로 접고 풀칠 표시가 같은 면을 맞붙여
  교회를 완성합니다.
  2) 교회를 세우고 네 면을 돌려 보며 그림에 대해
  이야기를 나눕니다.
  "예수님을 사랑하는 사람들이 무엇을 하고 있나요?"

 나에게 교회를 주신 하나님 감사해요!

2. 하나님의 멋진 말씀(말씀 읽기)

- 활동목표 : 말씀을 읽으면서 하나님께 찬양드리는 것을 기뻐합니다.
- 준 비 물 : 시편 100편
- 활동방법 : 1) 어린이들을 교사 주변에 모이게 한 뒤, 한 명 한 명 안아 주면서 어린이들에게 하나님의 집, 교회의 훌륭한 구성원이라고 말해 줍니다.

  2) 어린이들을 앉게 하고 성경 속에서 시편 100편을 찾아 보여 줍니다.

  3) 누군가가 하나님께 예배할 때 부를 교회에 관한 특별한 찬양을 썼다고 말합니다. 우리는 그 찬양을 '시편 100편' 이라 부른다고 알려 주고 함께 읽어 봅니다.

  4) 글 읽기를 어려워하면 선생님이 선창하고 한 구절씩 따라 읽게 합니다.

  온 땅이여 여호와께 즐거이 부를지어다

  기쁨으로 여호와를 섬기며 노래하면서 그 앞에 나아갈지어다

  여호와가 우리 하나님이신 줄 너희는 알지어다.

  그는 우리를 지으신 자시요

  우리는 그의 것이니 그의 백성이요

  그의 기르시는 양이로다

  감사함으로 그 문에 들어가며 찬송함으로 그 궁정에 들어가서

  그에게 감사하며 그 이름을 송축할지어다

  대저 여호와는 선하시니 그 인자하심이 영원하고

  그 성실하심이 대대에 미치리로다

3. 세례에 대해 생각하기

- 활동목표 : 세례를 받으면 교회의 일원이 되며, 나도 교회의 일원(혹은 크면 세례받을 수 있다)이라는 사실을 기뻐합니다.
- 준 비 물 : 세례식 때 쓰는 물건이나 세례 장면의 비디오, 유아 세례 사진
- 활동방법 : 1) 어린이들에게 세례 물을 담는 그릇을 만지게 하거나 세례 장면이 담긴 비디오나 유아 세례 사진 등을 보여 주면서 세례에 대한 질문을 던집니다.

  진행의 예) • "이것은 어떤 물건일까요?"

  • "저 사람은 지금 무슨 일을 하고 있을까요?"

  • "목사님이 아기를 안고 무슨 일을 하고 있을까요?"

  • (세례 장면을 보여 주며) "이런 일을 무엇이라고 부르는지 아나요? 세례라고 해요."

  2) 어린이들에게 목사님이 어떻게 세례를 주며 그것이 어떤 의미인지 설명해 줍니다.

  "세례를 받을 때 우리는 예수님을 사랑하는 모임, 교회의 한 사람이 되는

거예요. 세례가 우리에게 중요한 것이 이 때문이지요. 세례는 우리가 하나님의
백성, 교회의 식구라는 것을 뜻해요. 우리 친구들 중에도 하나님을 사랑하는
부모님 덕분에 아주 어릴 때 세례를 받은 친구들이 많아요. 아직 세례를 받지
못한 친구들도 있어요. 그러나 실망할 필요는 없어요. 우리 친구들이 크면
나중에 세례를 받을 수 있거든요. 그래서 함께 교회의 한 식구가 되는 거지요."

4. 교패 만들기

- 활동목표 : 교패를 만들어 보며 어린이들이 나도 교회의 일원임을 알고 자랑스럽고 기쁘게
  여깁니다.
- 준 비 물 : 냉장고 부착용 자석, 색상지, 투명 시트지, 스티커, 스팽글, 조화, 폼폼 등 꾸밀
  것, 어린이용 접착제
- 활동방법 : 1) 자석 크기보다 조금 더 여유 있는 크기로 색상지를 자릅니다.
  2) 색상지에 "○○교회"라고 교회의 이름을 씁니다.
  3) 스티커, 스팽글, 조화, 폼폼 등으로 꾸미고, 투명 시트지로 튼튼하게 합니다.
  4) 교패 뒷면에 자석을 붙여 마무리합니다.

➡ 간식 어린이들의 영양을 고려한 간식을 준비합니다.

다함께 모여요

➡ 대그룹 활동

1. 감사함으로 그 문에 들어가며

- 활동목표 : 친구들과 같은 교회에서 함께 예배드리는 것을 기뻐하며 하나님께 찬양합니다.
- 준 비 물 : "감사함으로 그 문에 들어가며" 음악
- 활동방법 : 1) 하나의 큰 원을 만듭니다.
  2) 정해진 율동을 하며 함께 교회로 모인 것을 즐거워합니다.

➡ 마음에 새겨요 회상하기 질문을 통해 어린이들은 오늘 배운 성경 말씀을 삶 속에서 적용할 수 있도록 도움 받
을 수 있답니다.

- 교회에 왔을 때 제일 좋은 것은 무엇인가요?
- 나 한 사람도 교회가 될 수 있을까요?
- 교회가 된 나에게 하나님께서 뭐라고 말씀하시나요?

▶ 기 도 교회를 주신 하나님! 저도 예수님을 사랑하는 교회가 되게 해 주셔서 감사해요. 이번 한 주도 우리를 지켜 주실 것을 믿어요. 이번 한 주간 하나님의 가족답게 살아갈 수 있도록 도와주세요. 예수님 이름으로 기도합니다. 아멘.

▶ 광 고 가정용 교재로 오늘 배운 성경 이야기를 집에서 복습하도록 광고해 주십시오.

▶ 마침인사 샬롬 노래를 부르며 집으로 돌아갑니다.

샬롬 샬롬 선생님 샬롬 샬롬 친구들
다음 주에 다시 만나 예배드리자
샬롬 샬롬 샬—롬

13 하나님, 예수님을 보내주셔서 감사해요

성 경	시편 100편
암 송	하나님이 세상을 이처럼 사랑하사 독생자를 주셨으니 이는 그를 믿는 자마다 멸망하지 않고 영생을 얻게 하려 하심이라(요한복음 3 : 16)
포인트	우리를 구원하시기 위해 예수님을 보내신 하나님의 사랑에 감사드립니다.

◙ 이 과의 목표

믿음의 성숙 (교사와 어린이)

• 이 세상이 항상 훌륭하고 아름다운 것은 아니라는 사실을 깨닫습니다.

• 이 세상을 위해 예수님을 보내 주신 하나님께 감사드립니다.

• 하나님께서는 언제나 이 세상을 사랑하신다는 것을 확실히 느낍니다.

성경에 대한 이해 (어린이)

• 하나님께서 만드신 아름다운 세상이 좋지 않게 변한 모습이 있다면 무엇이 있을지 말해 봅니다.

• 하나님께서 왜 예수님을 이 세상에 보내셨는지 이야기해 봅니다.

믿음의 본보기 (교사)

예수님을 알고 사랑하면서 느끼는 선생님의 기쁨을 아이들에게 이야기하세요.

◙ 한눈에 보는 오늘의 예배

순 서	소요시간	활동계획
유치부에 왔어요	예배 전	반가워요 · 마음 열기
예배드려요	35 – 40분	찬양 · 기도 성경 봉독 · 성경 이야기
우리 반에 모여요	15 – 20분	출석 확인 · 이야기나누기 소그룹 놀이 활동(복음책 팔찌 만들기 외 2 중 택일)
다함께 모여요	10분	대그룹 놀이 활동(함께 외쳐요) 마음에 새겨요 · 광고 · 마침 인사

* 위의 순서는 각 교회학교의 사정에 따라 다르게 진행될 수 있습니다.

◉ 이 과를 준비하는 선생님들께

이번 학기 동안 우리는 세상을 창조하신 하나님의 사랑에 대해 배웠습니다. 이번 시간에는 어린이들이 가진 세계에 대한 구체적인 지식을 통해 예수 그리스도에 대해 공부하며 그들이 성육신의 신비를 이해하도록 도울 것입니다.

예수님에게는 아버지가 있었습니다. 예수님은 하나님의 아들이었습니다. 하나님께서는 예수님을 무척 사랑했습니다. 그 사랑은 완전한 사랑이었습니다.

또한 예수님은 이 세상을 사랑했습니다. 예수님은 식물과 동물, 물과 음식들을 좋아했고, 이 멋진 피조물들을 주신 하나님께 감사하고 찬양드렸습니다. 예수님은 이 세상을 너무 사랑하셔서 이 세상을 분노나 불행이나 죽음이나 슬픔이 없는 완전한 곳으로 회복시키기 위해 오셨습니다.

예수님은 우리를 사랑하십니다. 예수님은 우리 친구들과 가족, 교회를 사랑하십니다. 예수님은 생활 속에서 또는 예배를 드릴 때에 우리가 기쁨에 가득 차서 하나님께 감사하고 그분을 찬양할 수 있도록 도와주십니다. 예수님은 하나님께서 그의 아버지일 뿐 아니라 우리 아버지, 하늘에 계신 우리 아버지이기도 하다는 사실을 보여 줍니다.

하나님께서는 완전하게 창조된 피조물을 보시고 기뻐하셨습니다. 이번 시간에는 세상이 선하지만은 않다는 사실을 어린이들에게 보여줍니다. 우리 주변을 둘러볼 때 무엇이 보입니까? 병든 사람들이 보입니다. 굶주린 사람들이 있습니다. 친구가 하나도 없는 사람이 보

하나님께서는 완전하게 창조된 피조물을 보시고 기뻐하셨습니다. 이번 시간에는 세상이 선하지만은 않다는 사실을 어린이들에게 보여줍니다. 우리 주변을 둘러볼 때 무엇이 보입니까? 병든 사람들이 보입니다. 굶주린 사람들이 있습니다. 친구가 하나도 없는 사람이 보입니다. 싸우면서 서로를 불행하게 하는 사람들도 보입니다. 우리 죄 때문에 때때로 절망에 빠집니다.

예수님이 이 땅에 사실 때 하신 일은 하나님께서 세상을 정말로 사랑하신다는 것을 사람들에게 말하고 보여 주는 것이었습니다. 그리고 죽음과 부활, 승천을 통해 예수님은 하나님께서 이 세상을 끊임없이 사랑하실 것이라는 사실을 보여 주셨습니다.

입니다. 싸우면서 서로를 불행하게 하는 사람들도 보입니다. 다른 사람의 물건을 훔치는 사람이 보입니다. 다른 사람을 다치게 하거나 죽이는 사람도 있습니다. 이 죄 많은 세상을 보면서 우리는 때때로 슬프고 외로워집니다. 우리 죄 때문에 때때로 절망에 빠집니다.

예수님은 우리가 느끼는 슬픔, 우리가 겪는 고통과 상처를 아십니다. 그는 이 세상의 죄와 우리의 개인적인 죄에 대해 아십니다. 그러나 예수님은 이 세상과 우리를 너무나 사랑하셔서, 우리를 구원하여 회복시키시며 우리를 다시 행복하고 즐겁게 하기 위해 이 세상에 오셨습니다.

우리는 크리스마스 때마다 창조주 하나님께서 이 땅에 아기로 태어나셨다는 것을 기억합니다. 그러나 이 간단하고도 놀라운 사실을 가끔 잊기도 합니다. 예수님 또한 한때는 선생님 반에 있는 어린이들처럼 어린아이였음을 늘 기억하기 원합니다. 예수님은 이 땅에 살면서 성장하여 선생님 같은 어른이 되셨습니다. 예수님이 이 땅에 사실 때 하신 일은 하나님께서 세상을 정말로 사랑하신다는 것을 사람들에게 말하고 보여 주는 것이었습니다. 그리고 죽음과 부활, 승천을 통해 예수님은 하나님께서 이 세상을 끊임없이 사랑하실 것이라는 사실을 보여 주셨습니다.

이 과를 준비하면서 선생님이 예수 그리스도를 통해 새 생명을 주신 하나님께 먼저 감사드리기 원합니다. 그리고 어린이들이 선생님과 함께 시간을 보내면서 예수 그리스도, 구원의 하나님에 대한 믿음과 지식의 기초를 쌓을 수 있도록 기도하시길 원합니다.

유치부에 왔어요

➡️ **반가워요**　　　아이들과 일일이 눈을 맞추고 인사하면서 반갑게 맞아 줍니다.

➡️ **마음 열기**　　　"예수님은 이 땅에 왜 오셨을까?"라고 묻고 대답을 기다리거나, "하나님께서 ○○를 위해서 예수님을 이 땅에 보내주셨대."라고 이야기합니다. 예수님에 대한 책을 몇 권 비치해 두고 아이들이 자유롭게 읽을 수 있도록 합니다.

 ## 예배 드려요

➡️ **찬　　양**　　　나는야 어리지만 예수님 제자
　　　　　　　　　나는 예수님의 작은 제자
　　　　　　　　　하하하 하나님께서는

➡️ **기　　도**　　　멋진 세상을 만드시고 우리에게 예수님을 보내 주신 하나님! 예수님을 더 많이 알고 싶어요. 오늘 우리들이 드리는 예배를 기쁘게 받아 주세요. 예수님 이름으로 기도합니다. 아멘.

➡️ **성경봉독**　　　이것은 성경(두 손을 모읍니다.)　　　　　　　활짝 펴요.(책을 펴듯이 펼칩니다.)
　　　　　　　　　요한복음 3장 16절 말씀.　　하나님께서 세상을 이처럼 사랑하셔서 독생자를 주셨으니 이는 그를 믿는 사람마다 멸망하지 않고 영생을 얻게 하려는 것이다."

➡️ **들어가기**　　　요한복음 3장 16절 말씀을 손유희로 하거나 찬양으로 부르면서 시작합니다.

✡ 성경 이야기

(에덴동산의 그림을 보여 주며) 태초에 하나님께서 하늘과 땅을 창조하셨어요.
창조된 세상을 보시니, 보시기에 너무 좋았어요.
하나님께서는 모든 식물과 동물 그리고 사람, 아담과 하와를 건강하고 아름답게 창조하셨어요.
아담과 하와에게 창조하신 아름다운 세상을 돌보도록 하셨어요.
그러나 아담과 하와는 하나님의 말씀에 순종하지 않았어요.
그래서 세상은 전과 다르게 늘 선하고 아름답지는 않게 되었지요.

(죄로 인해 창조질서가 깨어진 에덴동산의 그림을 보여 주며) 아담과 하와의 불순종이라는 죄로 인해 질병이 세상에 들어왔어요.

그러자 어떤 사람과 동물들은 매우 아프게 되었지요.

하나님께서는 모든 사람들이 음식을 넉넉히 먹을 수 있도록 세상을 창조하셨어요.

하지만 이제는 먹을 음식이 없어서 굶주리는 사람과 동물이 생겨났어요.

하나님께서는 세상을 깨끗하고 신선하고 아름답게 만드셨어요.

그러나 지금은 하나님의 세상을 돌보지 않는 사람들이 있어요.

강과 호수, 바다와 숲들이 오염되어 더러워지고 죽어 가고 있어요.

하나님께서는 다른 사람에게 친절과 사랑을 베풀도록 인간을 만드셨어요.

그러나 지금은 욕심이 많고, 자기만 생각해서 원하는 것을 얻기 위해 다른 사람의 것을 훔치거나 다른 사람을 때리는 사람들이 있지요.

하나님께서는 사람들이 가족, 친구와 함께 있도록 만드셨어요.

그러나 지금은 가족들로부터 사랑 받지 못하며, 외롭고 친구가 없는 사람들이 많아요.

하나님께서는 영원히 함께 살도록 아담과 하와를 만드셨어요.

그러나 이제 죽음이 세상에 들어와 사람들은 늙어서 죽기 시작했지요.

하나님께서는 무척 슬퍼하셨어요.

이 모든 것들 때문에 하나님의 마음은 고통으로 가득 찼어요.

그래서 하나님께서는 모든 것을 새롭게 회복하는 한 가지 방법을 생각하셨어요

(하나님의 선물로 오신 예수님의 그림을 보여 주며) 하나님께서는 하나밖에 없는 아들 예수님을 우리에게 주셨어요.

예수님은 이 세상에 하나님의 사랑을 가져왔어요.

예수님은 우리와 똑같은 진짜 사람이 되셨지요.

예수님은 이 세상을 너무 사랑하셔서 이 세상을 위해 죽으셨어요.

예수님의 사랑을 통하여 하나님께서는 세상을 새롭게 하셔요.

예수님의 사랑을 통해 병든 사람이 치료되고

배고픈 사람이 배부르게 되고

땅이 돌봄을 받아요.

예수님은 우리들의 마음도 변화시킬 수 있습니다!

(하늘에 계신 예수님 그림을 보여 주며) 그리고 무엇보다 우리가 죽으면 하늘나라에 가서 예수님과 영원히 살 거예요. 하나님께서는 모든 사람이 예수님을 믿고 그를 사랑하기를 원하셔요.

예수님은 하나님께서 이 세상에 주신 최고의 선물이랍니다.

우리 반에 모여요

➡️ **출석 확인** 어린이들이 자신의 출석표에 표시하도록 시간을 주십시오.

(하트 모양 스티커를 나눠 주는 것도 좋은 방법입니다.)

➡️ **이야기 나누기** 하나님의 말씀을 다시 한 번 생각하며 이해하도록 돕는 질문들입니다. 이 질문들을 어린이들과 나누면서 어린이들 스스로 말씀을 생각하고 느끼게 합니다.

- 아담과 하와는 왜 하나님께 순종하지 않았을까요?
- 왜 하나님께서 만드신 세상이 좋지 않게 되었을까요?
- 사람들이 배고프고 병들고 죽기 시작했을 때 하나님께서 어떻게 느끼셨을까요?
- 예수님이 세상을 위해 죽으셨다는 사실을 알고 있나요?
- 천국에서 예수님과 영원히 살 것이라는 것을 알고 있나요?

➡️ **소그룹 활동**

1. 하나님의 선물, 예수님 이야기(복음책 팔찌 만들기)

- ■ 활동목표 : 예수님을 주신 하나님께 감사합니다.
- ■ 준 비 물 : 교회학교용 교재 26쪽, 스테이플러, 투명 테이프
- ■ 활동방법 : 1) 교회학교용 교재 26쪽 복음책을 접습니다.

　　　　　　2) 팔찌를 떼어 뒷면의 '예수님과 나의

　　　　　　　이야기'를 읽어 봅니다.

　　　　　　3) 스테이플러 심에 긁히지 않도록 안전하게

　　　　　　　테이프로 감쌉니다.

　　　　　　4) 복음책 '최고의 선물' 책장을 펼치며 이야기를

　　　　　　　나눕니다.

　　　　　　　하나님이 우리를 위해 세상을 만드셨어요.

　　　　　　　세상에 죄가 들어왔어요.

　　　　　　　그래서 아프고, 슬프고, 두렵고, 미운 마음이 생겼어요.

　　　　　　　하나님이 나를 사랑하셔서 하나밖에 없는 아들 예수님을 보내 주셨어요.

　　　　　　　예수님은 십자가에 돌아가시면서 우리의 죄를 없애 주셨어요.

　　　　　　　다시 사신 예수님을 믿으면 하나님 나라에서 영원히 살 수 있어요

　　　　　　4) 팔찌에 착용하고 친구와 짝을 지어 복음책을 읽어 줍니다.

　　　　　　tip)책이 펄럭거리지 않도록 클립을 끼워 고정하면 좋습니다.

　　　　　　5) 영접기도로 마무리합니다.

〈영접기도문〉

사랑하는 예수님,

저를 위해 십자가에서 죽으시고 저의 죄를 용서해 주셔서 감사합니다.

제 마음을 활짝 엽니다. 지금부터 영원히 예수님과 함께 살고 싶어요.

나를 살리신 예수님 이름으로 기도합니다. 아멘.

 예수님을 나에게 보내 주신 하나님 감사해요!

2. 그림 기도카드 만들기

■ 활동목표 : 아이들이 자신의 기도 제목을 고백하고 기도하게 하여 예수님을 신뢰하고 의지
할 수 있도록 합니다.

■ 준 비 물 : 카드 모양의 종이, 색연필이나 사인펜

■ 활동방법 : 1) 아이들이 걱정하고 있는 사람이나 일에 대한 그림을 그립니다.

예) 유치원의 친구가 괴롭혀요, 병원에 가는 것이 무서워요, 무서운 꿈을
꿔요. 등

2) 그림에 대한 아이의 설명을 듣고 선생님이 그림 밑에 기도 제목을 써 줍니다.

예) 친구가 괴롭히지 않게 도와주세요, 병원에 가는 것이 무섭지 않게 해
주세요 등

3) 이 그림을 보면서 집에서 가족들과 함께하는 기도 시간이나 잠자기 전에
기도하라고 권합니다.

3. 커다란 하트 만들기

■ 활동목표 : 예수님은 하나님께서 우리에게 보내 주신 가장 큰 사랑의 선물임을 다시 한 번
알게 합니다.

■ 준 비 물 : 색상지로 만든 큰 하트 모양(A4 크기), 사인펜, 예수님 그림, 풀

■ 활동방법 : 1) 큰 하트 모양의 종이에 '하나님의 사랑' 이라고 씁니다(잘 쓰지 못하는 아이는
도와줍니다).

2) 하트의 뒷면에 예수님 그림을 붙입니다(목걸이나 부채로 응용해도 좋습니다).

3) "하나님의 사랑은……."이라고 말하면서 하트의 앞면을 보여 주고,
"예수님!!"이라고 외치면서 뒤로 뒤집어 예수님을 보여 줍니다.

4) 모두 함께 "하나님의 사랑은……. 예수님!"이라고 말하면서 예수님을 보내
주신 하나님께 다시 한 번 감사드립니다.

▶ 간식   어린이들의 영양을 고려한 간식을 준비합니다.

 다함께 모여요

▶ 대그룹 활동

1. 함께 외쳐요!

이번 학기 동안 배운 하나님의 창조 역사와 사랑을 떠올리며 감사와 찬양을 담아 함께 외쳐
봅니다.

> 교　사 : 아름다운 세상 주셔서
>
> **아이들 : 감사해요, 하나님!**
>
> 교　사 : 꽃과 동물, 사람을 주셔서
>
> **아이들 : 감사해요, 하나님!**
>
> 교　사 : 순종하지 않을 때도 사랑해 주셔서
>
> **아이들 : 감사해요, 하나님!**
>
> 교　사 : 세상의 빛 예수님을 주셔서
>
> **아이들 : 감사해요, 하나님!**
>
> 교　사 : 기도할 때 들어 주셔서
>
> **아이들 : 감사해요, 하나님!**
>
> 교　사 : 세상과 예수님을 주셔서
>
> **아이들 : 감사해요, 하나님!**

▶ 마음에 새겨요 회상하기 질문을 통해 어린이들은 오늘 배운 말씀을 삶 속에 적용할 수 있습니다.

- 하나님께서 보내 주신 분은 누구인가요?
- 하나님께서는 왜 예수님을 보내 주셨을까요?
- 예수님을 보내 주신 하나님께서 오늘 나에게 무엇이라고 말씀하시나요?

▶ 기　도 우리를 위해 예수님을 보내 주신 하나님! 예수님을 보내 주셔서 우리를 구원해 주시니 감사해요.
이번 한 주도 우리를 지켜 주실 것을 믿어요. 이번 한 주간 예수님을 보내 주신 하나님을 찬양하
며 살게 해 주세요. 예수님 이름으로 기도합니다. 아멘.

▶ 광　고 가정용 교재로 오늘 배운 성경 이야기를 집에서 복습하도록 광고해 주십시오.

▶ 마침인사 샬롬 노래를 부르며 집으로 돌아갑니다.